库文津问

梓里寻珠第二种

主编　王振良

从租界到风情区

一个中国近代殖民空间在历史现实中的转义

李东晔　著

天津社会科学院出版社

图书在版编目(CIP)数据

从租界到风情区:一个中国近代殖民空间在历史现实中的转义 / 李东晔著. -- 天津:天津社会科学院出版社,2018.12(2021.5重印)
(梓里寻珠 / 王振良主编)
ISBN 978-7-5563-0530-8

Ⅰ.①从… Ⅱ.①李… Ⅲ.①租界地—建筑物—保护—研究—天津 Ⅳ.①TU-87

中国版本图书馆 CIP 数据核字(2018)第 287812 号

出版发行:天津社会科学院出版社
出 版 人:张博
地　　址:天津市南开区迎水道 7 号
邮　　编:300191
电话/传真:(022)23360165(总编室)
　　　　　　　(022)23075303(发行科)
网　　址:www.tass-tj.org.cn
印　　刷:永清县晔盛亚胶印有限公司

开　　本:880×1230 毫米　1/32
印　　张:8
字　　数:179 千字
版　　次:2018 年 12 月第 1 版　2021 年 5 月第 2 次印刷
定　　价:68.00 元

序 一

王建民

　　近代以来,建筑一直是铭刻着社会文化意涵的景观。建筑不仅是设计师自身的美学观念的展现,更是和所在的时代密切相关。在建筑所在的环境中,更是在建筑所在的社会文化之中,建筑是基于时代的知识、观念和情绪情感表达模式而生的。建筑何以可用、何以为美、何以铭史、何以寓情,都有值得深入探究之处。通过人类学田野考察,以个案的形式呈现出建筑与社会文化的联系是人类学的阐释、分析和表述思路。李东晔博士的这本新著,是她的人类学专业博士学位论文,在建筑人类学研究方面进行了一些颇为有益的尝试。

　　建筑式样的设计、材料的使用、工程的施工、建筑的命名、添加装饰、空间的分配和使用,由那段历史、那个阶层、那个人群塑造出了一幅又一幅独特的与地理空间相衔接的景观,此后这种景观似乎在社会变动和政治革命中也成为政治和历史言说的见证,再往后又经由城市重建的特定观念形态和知识体系再次重塑,成为新的改革开放城市的体现。正如在这本著作里所呈现的,由这些重新改造、修建和命名的建筑,甚至可以超越那些通常阐述改革开放宏大使命的文论,读出更多变的、更立体的、更复杂的意义。

建筑景观一经存在,就在相当程度上以其特有的建筑美学形象和空间安排,不断地形塑着生活在其中和周围的人们的生活,制约和塑造着人们的行为和观念。与此同时,人们也会根据特定的社会意识形态作用下的经验和感受利用和装饰建筑,乃至重塑和改造建筑。当我们把观察和讨论的兴趣放在这片独特的城市建筑群之时,建筑的材料、设计、施工及装饰在这种天津意大利租界到风情区的景观历史变迁和现实存在中到底发挥了什么样的作用呢?殖民统治、阶级斗争、思想革命、异国情调等概念,以建筑美学形式附着在这些建筑之上,既是人们空间知觉和空间观念的建构,建筑作为空间组织的语义系统,又反过来成为了形塑人们的社会生活的一种力量。因此,我们说,人们的空间知觉和空间概念又处在一个不断重构的过程之中,发挥着能动的作用。在一个充满变化的时段中观察和认识建筑,无论延续还是断裂和转换,都是很有趣味的。人们日常生活、历史过程和个人经历所积累下来的与建筑互动中不断重构的观念,经过与社会意识形态的对话,在特定的场域中,选择自己认为合适的话语和行为重新作用于建筑,建筑因此又被赋予了新的意义和新的价值。天津意大利租界到风情区,这样一种似乎是悖论的转换,恰恰有了其时间进程和意义生成的合理性和自洽性。

建筑体现着艺术的传统,同时又展示了人们对于传统的想象和建构。在中国近代历史进程中,西方人伴随着枪炮声来到了中国,打开了中国国门,在中国重要的商埠、港口建立了一批租界。在书中所描写的租界里,由占领和管理天津地方的"他者",或者说是殖民者,设计、修建和使用的建筑与这样的特定时代的不平等关系联系起来,建构起来一种"弥散式"的权力体系。这种景观作为一种建筑美学,不仅是文化的象征,更是殖民者在东方存在的权力的象征。人们每天在这样的景观里和景观外生活,被这样的景观不断重塑,编排到人的等级秩序关系中。这种权力体系是在天津意大利租界当年特定的社会、政治及经济权力关系的支撑下被人为地建构起来的。在风情区重建时,这种在原有建筑的架构和形式之上转换的意象同样也体现了一种新的关系结构的作用,也成为一种新的建筑政治学。因此,所谓的建筑美学,又是一种受到权力关系制约的政治呈现,是无形的权力关系以形象化的方式加以展示,并昭示与建筑有关的人们自觉或者不自觉地循着这种也许并非一直延续的秩序,安排或者重新安排自己的生活的能动力量。

　　遵李东晔博士嘱,是为序。

2017 年 3 月 12 日于北京魏公村恒勉斋

序 二

罗澍伟

　　东晔博士的学位论文《从"租界"到"风情区"——一个近代中国殖民空间在历史现实中的转义》,差不多在十年前就送到了我的手里。因为 2004 年是天津设卫筑城 600 周年,所以在进入 21 世纪后的第一个十年,全市出现了一股研究天津不曾有过的高潮;巧得很,东晔博士的学位论文也正是在这一时期,通过她的艰辛努力而完成的。

　　然而这篇学位论文与当时的"纪念""献礼"都没多大关系,读后的第一印象,就是从选题到内容都很有自己的特色。看得出来,东晔博士是力图面对社会真实,妥实观察和考量那时正在火热展开的、以意大利租界为中心的天津旧租界开发利用问题。在纷繁复杂的历史过往中,她仔细寻觅的,是那些牵引着当代走向的丝丝缕缕,所以称得上是一次立足学术前沿的新探索。

　　在近代中国,十几座城市都设有租界,当下也都忙着开发利用;再加上我们一直保有历史沿袭下来"重思辨"的传统,所以,如何直面和检讨这种开发利用,便成了舆论界的热门话题。东晔这篇论文考察和研究的,虽是百余年来的天津意大利租界,但对所有设立过租界的城市,都有着举一反三、触类旁通的借鉴作用。直到十年之后,我们再来研读这份成果,不但依然保持着它的现实光鲜,而且对于培养理解历史的精神,释放城市未来的生命,开启新的动能和智慧,也是有益处的,至少,为我们提供了一个研究和观察这些问题的新思路、新视角。

东晔博士读的专业是人类学,但这次她却从解构历史出发,通过走访多位曾在天津旧意大利租界居住、却因大规模开发利用而不得不搬迁的老居民,记录下许多现已被拆掉的房子以及当时围绕这些建筑空间的社会生活;被访者讲述了发生在自己身上和自己身边的故事,重新演绎了一段新时期的过往。

对于"过去是我们必须否定的,现在恰恰又是我们打算保护、开发和利用的……"这一问题如何去看待?有鉴于在过去较长时间里,对此缺乏深层次的理论关照,东晔博士特意在这些方面做了较为深入的探索。为此,论文打破了时空维度和向度,恰如其分地借鉴了国内外相关的研究理论,发挥出社会科学的抽象思维优势。

比如,建筑是体现人类社会秩序并受到人类意志制约的,就建筑本身来说,也规定着人类社会的秩序。如果站在这个意义上进行检视,租界,不过是有别于城市中其他空间而特别规划建造起来的"城中之城"。只是因为那时的中国头上有了不平等条约的挟制,租界才成为国家和民族屈辱、痛苦的象征。

与租界建筑意义共生的社会价值取向,也是论文试图回答的问题。假如抛开了传统中国文化要素的所谓民族性,租界建筑可以看成是被赋予了某种社会进步以及现代化象征的,正是在这个层面上,租界建筑便具有了一种现代意义,它意味着与传统自我的决裂和对社会进步的追求。如此的价值取向,让我想起了 20 世纪初天津成为直隶省城后,总督袁世凯主持开辟河北新区并使之成为全省的行政管理中心时的一件事,这就是在建筑外观方面,"新设各署改从新式,在光绪季年多惊为未曾有焉"。其实,袁世凯就是要通过衙署外观的弃旧图新,向全国表明北洋推行的"新政"与此前绝不相同,而且是有决心、有力度的。

论文站在人类学的视角,阐释文化的新维度,也值得一提。

比方说,关于文化多重意义转换的解释——过去,不是被保留下来的,而是在现在基础上被重新构建的;文化的开放性的实质——文化没有变迁,变化的是认同及意义赋予的方式;关于小洋楼背后的文化象征意义,以及文化遗产保护中体现出的"文化再生产"原则——实际上是在被侵占的西方的外来的空间中,构建起一种美的、高级时尚的、现代的西方主义,同时也是爱国主义、民族主义的文化认同……此外,论文关于文化资本的研究,关于权力在文化意义的生产与转换中重要作用的研究等许多方面,大都摆脱了以往的羁绊,而努力探寻问题的本真。

可以说,自打 20 世纪 50 年代开始,尤其是 70 年代末的改革开放之后,我们的城市正在经历一场亘古未有的重建运动,道路越来越宽,高楼大厦朝着天空延伸,现代化的触角几乎滋蔓到了城市的各个角落,好多过去没有的问题自然也就接踵而至。今天看来,文化的变动,其实就是历史的变动;而历史的变动,又往往催生出新的文化邂逅。东晔博士的这篇学位论文,没有轻易投入外间常用的价值评估体系,立意新颖,文字朴实,甚或可以从中品味出时间沉淀的味道,读了以后,感喟至深。作为一名学业有成者,他或她的生命之旅,就应该是一个不断发现的过程,也应是一次次不间断的意识提升,只有有了这样的学术作为,才能承载起反哺社会的责任,才能感动他人,并使他人难以忘怀。

　　我和东晔博士的接触以及对她的了解不算很多,但却深深感到,她的信条似乎是"要活着就要充满活力",她能够把时间当成一张网,网撒在哪里,她的收获就能够在哪里。也许这就是信念的力量吧。其实,生命的精彩,往往从不是以活了多久来衡量的,而是要看经历了多少有价值的瞬间。说到这儿,我倒想起了日本优衣库创始人柳井正的一句话:"今日事今日做,是干活;明日事今日做,才是工作。"十年前,东晔博士所做的,正属于那种"明日事",所以她的研究成果即便拿到今天,作为一份有价值的"工作",也是当之无愧的。

　　　　　　　　　　　　2017 年 1 月 31 日草成,2 月 18 日又改

引 首

李东晔

　　本文藉由对正在实施的天津原意大利租界"意式风貌建筑"的保护、整修以及开发再利用项目的参与观察，通过对租界建筑，这一兼具实用、审美、象征等多重功能的文化载体的考察和分析，讨论了文化意义的生成以及转换问题。主要以历史人类学与象征人类学的理论视角与方法分析了一个曾经书写满帝国主义侵略符号的历史空间，在经历了100年的社会历史与文化变迁后，如何可以被改写成为一种中外文化历史交流、增进相互了解、促进国际贸易以及发展城市旅游经济和时尚休闲消费的城市景观。

　　全文共分七章，以对社会变迁和历史事件考察相结合的手法，从租界建筑历史、原租界区划空间中居民的社会生活史以及历史话语的变迁等三个不同的角度加以论述。受到福柯对建筑与权力理论的启发，通过考察和分析天津原意大利租界建筑的历史，发现建筑作为一种"弥散式"的权力体系，是在一定的社会、政治及经济权力关系的支撑下被人为地建构起来的，但这个体系一经存在，就在相当程度上制约和塑造着人们的行为和观念，而与此同时，人们也会根据自己以往的经验影响和改变着既有的那个体系，这些以往的经验至少涉及观念和日常生活两个层面，并且通过话语和行为的选择表现出来。

首先，中国近代租界的设立、建造模式、建筑式样乃至使用，无一不透露出那是在特定历史条件下中国社会中，国内外各种势力及利益群体之间的多重权力斗争的一种结果。西方建筑借助租界这个特殊平台向中国人展示出了一种"他者"文化的形式和内容，但这并非是单向度的文化展示，而是必然要经过中国文化的"过滤"，并且通过中国文化的结构进行"再结构"，然而，就如萨林斯所主张的那样——结构是"历史中的结构"，无论中国文化还是被中国文化过滤过的西方文化都处在一种变化过程中，因此文化的意义是流动的、变化的，并且不断进行再生产的。

其次，由于权力与文化意义的生成和转换有着密切的关系，就天津租界空间及其建筑形成的历史特殊性而言，其间包含着多重且矛盾的文化象征意义，这些意义往往同时存在，但却并非平行并列的关系，在不同的历史时期，对于不同的文化群体而言，各种层面的意义时而显现时而隐秘。以布尔迪厄的逻辑来分析福柯提出的"建筑的权力"，不同的社会历史阶段的时空场不同，共时的经济、文化和社会"场"会与各种的历史"时空场"发生作用，因此，不同时期人们的经济、文化及社会价值评判标准不同，由它们聚合而成的权力也就会发生转移，同样，权力又通过"再生产"创造新的资本，在这种权力与资本的互动中，建筑的意义不断地生成并加以转换。通过对不同时期居住在租界建筑中的居民社会生活与历史记忆的追溯，说明文化意义的生成有其历史的客观性，同时也是通过人们在各种各样的历史空间场中的实践，不断地加以建构的，其间充斥着各种利益群体与个体之间权力的争夺。而就单独个体而言，在不同的时空场景中也会有不同的观点、行为及话语。

最后，讨论"文化遗产保护"工作中体现出的一种布尔迪厄所提出的"文化再生产"原则。由于租界建筑文化意义的复杂性与矛盾性，使得在对这类历史建筑进行保护和再利用过程中遇到比其他文化遗产保护更大的困难，价值评判的标准更加复杂，其原真性、历史性的基础在哪里？谁应当是做出评判的主体？这都应该是在一种"理解历史的精神"下来进行深入思考的问题。而当下中国很多城市在对历史街区和建筑进行保护、整修和再利用的工作，既不是一种历史的"恢复"，也不是对历史的"遮掩"，而是一种文化再生产过程中的"创造"或"发明"。

目　录

第六章 徘徊在回忆与失忆之间

第七章 "风情"

结语 从"租界"到"风情区"

第一章

导

论

第一节　缘起：亦丑亦美

尽管我祖籍天津，并且在那里度过了童年，但直到 2005 年，我才知道天津曾经有个"意租界"。当时我在北京大学建筑中心旁听，获悉该中心的一些同学在天津原意大利租界正在做一项调研，了解到那里正在大规模拆迁，而建筑和街道都非常有特色，保存的也相对完整，等等。我还了解到，拆迁的目的是为了要保护这些"文化遗产"，建"风情区"是为了发展旅游、加强中国的对外贸易。我感到有些"兴奋"，一个中国近代史上的疤痕，曾经令亿万中国人感到不齿的"租界"怎么"摇身"成为国家发展旅游、促进对外经济贸易以及政治和文化交流的"风情区"呢？

1999 年 8 月 25 日《天津日报》刊登了一条新闻——"本市将恢复重建意大利风情区"（见下页图）。我们简单追溯一下这个"风情区"的历史：1902 年前，该区域属于天津城外的一片居民区，周围有盐砣地，没有明确的地名；1945 年以前，该区域为意大利在天津的租界，被称作"意租界"或者"意国地"；而到了 1949 年中华人民共

1999 年 8 月 25 日《天津日报》

和国成立以后,该区域先后划归天津市和平区、河北区,大部分时间属于河北区光复道街道办事处管辖,1949 年底,原意租界的意商运动场改为"天津市第一工人文化宫",成为那里最具标志性的建筑,自那时起该区域一直都被俗称为"一宫"。既然如此,那"风情区"从何说起呢?

儿时的我与外公外婆一起生活在天津,我们住在一座灰黑色的三层老房子的二层,那里以前属于英租界,窄窄的弯弯曲曲的楼梯,昏昏暗暗的走道里还堆着很多杂物。而那时候,在我有限的活动空间中接触的都是类似建筑,灰色间或有红色的砖墙、尖顶、高柱……我童年的记忆中并没有什么特别丰富的色彩,但就是这些灰灰的东西,却总带给我一种温暖,每当看到类似的房子就勾连起一种特殊的、似曾相识的情感。

后来,知道自己熟悉的那些房子原来都是帝国主义侵略中国的证据！梁思成先生曾经著文指出："这一百零九年可耻的时代，赤裸裸地在建筑上表现了出来。"①他写道："因为殖民地经济的可怜情况，建筑不但在结构和外表方面产生了许多丑恶的类型，而且在材料方面、在平面部署方面都堕落到最不幸的水平。"②一个有意思的现象是，在近代中国的很多大城市中，西洋式民宅并非只存在于租界，租界之外，很多有钱的大户人家在兴建宅院的时候也往往会仿照"新式"的西洋建筑风格来设计和建造。"西方文化并非等同于现代化，但现代化却荷载于西方文化之上。"③因此，人们当初在建造这些来自西洋的建筑的时候应该是没有丑陋之嫌的，可以说，当时很多人是以接受西方文明的态度接纳这些"西洋"建筑的。

学龄前的我，并不知"租界"二字，当时也没有人刻意向我灌输这方面的知识，因此也没有体验过梁先生所谓的"可耻"，当然也不觉得它们丑陋。但当我后来明白，那些"漂亮的"小房子原本并不是我们的"家"的时候，我对于它们的感情是矛盾的。而今，越来越多的人用欣赏的目光注视这些老房子，以夸赞的口吻来叙述它们的时候，我感到更多的是迷惑——这些租界建筑，中国近代史上半殖民地时期的遗迹到底是美是丑呢？或者说为什么有人认为丑而有人却认为美？这亦丑亦美中间又有什么特殊的道理吗？

达恩顿（Robert Darnton）在《图猫记》中写道："我们笑不出来，这正说明了阻隔我们和工业化之前的欧洲人之间的距离，察觉到那一段距离的存在可作为从事一项研究工作的起点，因为人类学

---

① 梁思成著.梁思成全集(第五卷).北京:中国建筑工业出版社,2001.57.
② 梁思成著.梁思成全集(第五卷).北京:中国建筑工业出版社,2001.139.
③ 忻平.从上海发现历史——现代化进程中的上海人及其社会生活(1927—1937).上海:
上海人民出版社,1996.471.

家已经发现最不透光的地方似乎就是穿透异文化最理想的入口处,当你了解到对在地人特具意义,而你却不得其门而入的东西,不论是一个笑话,一句谚语或一种仪式,你就能够晓得从什么地方抓得到可以迎刃而解的一套素昧平生的意义系统。"①那么在"租界"与"风情区"之间存在着怎样的距离? 这是我们了解近当代中国社会文化的一个理想入口吗?

①[法]达恩顿著.屠猫记:法国文化史钩沉.吕建忠译.北京:新星出版社,2006.79~80.

第二节 问题与方法

　　一直以来，时间和空间都是人们考量社会现象的两种最基本维度。在人类学传统中也历来有历时性研究与共时性研究两种研究"范式"①或者理论视角。所谓历时性观点，是指跨越时间的事物之间的联系；而共时性观点则指同一时间存在的事物之间的联系。巴纳德（Alan Barnard）认为，"人类学历史一直与从历时观点到共时观点的转变，以及从共时观点到互动观点的转变密切相关。"②但我以为，在人类学研究史上，历时性和共时性的观点，以及互动观点并非是以相互替代的方式进行转换的，它们一直都是人类学研究中的不同视角，只是不同的理论派别有不同的偏重。人类学向来关注人类社会文化的变迁，而这种变迁本身就存在于时间与空间两个维度中，因此我们根本不可能将自己的观察单独控制在其中的

①关于"范式"的解释见托马斯·库恩的《科学革命的结构》
②[英]阿兰·巴纳德著.人类学历史与理论.王建民等译.北京：华夏出版社，2006.10.

某一个方向上,当代人类学者只是不再刻意坚持某一种立场,而是更加重视在具体问题研究中,如何将共时性与历时性考察进行有效整合,从中选取一个最佳的平衡点。

对于当代人类学研究来说,更重要的转变在于一种研究问题取向上的变化。由于"过去文化概念中所隐含着的独立国家或自主文化,在当今世界却常常因为处在一种相互错综的空间中而受到了挑战"。[①]从而引发出了一种"新的田野实践"。[②]我理解的所谓"新的田野实践"是指摆脱以往人类学注重异域的"他者",并将"他者"想象成一个没有受到过异文化沾染的"净土"的束缚,将研究视野不断扩大的一种实践。事实上,人类学的前辈们早在几十年前就已经进行了这样的实践,如费孝通先生的《江村经济》,林耀华先生的《金翼》等,都是这种实践的典范。就本文而言,我试图透过在特定历史时期,由于政治、军事及经济等的不平等对抗而诞生的一种"特殊"的文化造物——中国的"小洋楼"的变迁,来讨论天津的一个"租界",如何能够走过百年,如今被改造成为一个"风情区"。

建筑具有多重文化象征,其象征意义的生成有历史的客观性,同时也是人为建构的结果;不同历史时期其突显出的意义不同,它们随着权力意志的变化而发生转换;当前的文化遗产保护工作在某种程度上恰好集中体现出了上述文化意义的一种生成与转换过程。

---

①Gupta, A. and J. Ferguson. Beyond "Culture": Space, Identity, and the Politics of Differ-
ence. In Cultural Anthropology 7(1): 6~23.
②[美]古塔、弗格森著.人类学定位——田野科学的界限与基础.骆建建等译.北京:华夏出版社,2005.

一、研究问题与理论视角

人类学者向来有找寻"他者"的田野传统。随着那些"想象的异邦"的渐渐消逝,越来越多的人类学者不得不回到现实的"地球村"中来,以过去注视"野蛮的""原始的"他者的目光来打量自身。就建筑的研究而言也是如此,以往文化人类学,或者建筑人类学,对于人或人类文化与建筑关系的研究多限于一种"本土的""原生态"状况下的讨论,随着近代世界政治经济文化格局所发生的变动,事实上,这种所谓的"本土"及"原生态"建筑与居住形态已经在不同程度上被打破了,出现了各种"杂糅"或者"拼凑"的新形式。殖民时期遗留下来的建筑就是这些新形式的一种突出代表,但是,我以为仅仅把这些"新形式"视作当地人对外来强势文化的那种被动迎合是不够的,因为它们同时也是人们在特定的文化背景、社会条件和历史状况中的一种选择。当代人类学通常将有关建筑的研究类归到"应用人类学"领域,将文化人类学理论及方法视作一种研究和分析工具来解决建筑与人类社会生活的矛盾,缺少更深入的理论关怀。然而,就如福柯指出的那样:"建筑自19世纪末开始,逐渐被列入到人口问题、健康与都市问题中……成为达成经济—政治目标所使用的空间布署的问题。"[①]中国目前处在一个社会政治、经济及文化转型的重要时期,各种产业经济与市场经济一道给中国的城市发展提出了新课题,城市的迅速扩张与建设,使

---

① The Eye of Power, published as a preface to Jeremy Bentham, Le Panoptique (Paris, 1977), reprinted in Gordon, Power/ Knowledge, p.148.

得旧城区的保护和改造与新城区的建设与发展不仅成为各级政府所面对的棘手问题，也是城市规划师、建筑设计师以及文化遗产保护者争论的焦点，同时，更是那些与其息息相关的百姓们不能不关心的话题。

就我目前掌握的资料来看，美国的两位学者，伯利恩特－希勒（Riva Berleant-Schiller）[①]与爱德华兹（Jay D. Edwards）曾经分别就殖民建筑的问题做了相关的人类学研究。伯利恩特－希勒的文章《马希坎－摩拉维亚使团的定居点及其建筑的环境，1740—1772》是一个关于18世纪中期，分布在美国纽约、宾夕法尼亚和康涅狄格州的四个马希坎－摩拉维亚双文化社区（bicultural communities）的个案研究，她通过对马希坎和摩拉维亚两个不同群体，由于经济的合作与共生而产生出的一种马希坎"克里奥"文化（creolized culture）的考察，发现影响了马希坎文化中的经济、亲属关系以及社会组织等方面的文化内容，却处于摩拉维亚文化中另外一些领域中。她因此认为，由于摩拉维亚使团成功地将他们的建筑形式和技术注入了马希坎定居点的住宅和布局当中，因此这些建筑并没有显示出其中复杂的文化适应关系，以及之前马希坎文化中长期且连续的无摩拉维亚影响的实践，所以，她对"建筑体现人们的行为和价值观念"假设的普遍解释力提出了质疑，甚至认为建筑很少体现人们的思想和象征意义。她指出，建筑环境并不表达文化，而应该用另外一套适用于它的体系来解释建筑。她同时提出了与另外一个作者爱德华兹相似的策略，主张通过对殖

①Riva Berleant-Schiller,"Mahican-Moravian Mission Settlements and Their Built Environments, 1740-1772", in Mari-Jose Amerlinck ed., Architectural Anthropology, Westport: Bergin & Garvey, 2001, p.121~144.

民地的社会史的全方位考察来加以解释。爱德华兹在文章《建筑的克里奥化：殖民建筑的重要性》[1]一文中讨论了殖民建筑与文化的"克里奥化"（creolization）的问题。他在历史与地理空间的两种维度中着重考察了自15世纪开始到20世纪间以欧洲式样建筑为基础的殖民建筑，试图藉此方法填补当前建筑学与人类学关于建筑研究的缺陷。对于伯利恩特－希勒提出的质疑，我以为恰好反映出了不同文化相遇所产生的那种变异，至于建筑是否体现人们的思想观念与象征意义，我想应该首先明确的是在什么样的框架下理解人们的思想观念与象征意义——文化是不断变动着的；而他们提出的方法则正是我在本研究中所要尝试的，通过对特定建筑空间中社会生活史的考察来分析人们的思想观念与文化的象征体系。

第一次鸦片战争之后，中国与外国签订了一系列不平等条约。1843年，英国在上海设立了中国的第一块租界，自此，中国以几个重要的沿海城市为主，在城市中形成了一种特殊的西洋建筑景观。由于其产生的特殊历史背景，当下对于这类城市的旧城区保护和改造问题，就更多了几分国家政治与民族情感的考虑，这在国内近年来有关"上海外滩建筑申遗"问题的讨论中突出地表现出来。就本文而言，天津曾经先后设立有九国租界，具有后来被称为"世界建筑博览会"的城市景观，20世纪80年代中期开始，天津逐步实施了一系列的"历史风貌建筑"的保护与开发工作，在某种意义上，"小洋楼"似乎与当年为国人所不齿的"租界"失去了

---

[1] Edwards, Jay D., "Architectural Creolization: The Importance of Colonial Architecture", in Mari-Jose Amerlinck ed., Architectural Anthropology, Westport: Bergin & Garvey, 2001, p.83~120.

"必然的"联系,成为了"风情区",那么,是什么力量促使这一转变的发生与发展? 我以为,建筑及城市空间所具备的多义性是实现这种转换的基础,而时空的变迁又为这种转换创造了条件,人的能动性则不仅是这种多义性生成的必要前提,也是给予它们相互转换的必要手段,正是这种文化多重意义的转换决定了城市历史建筑的生与死。

本文试图从三个层面展开讨论:

1. 文化意义的生成有其历史的客观性,但同时也是通过人的能动性,不断地加以建构的;

2. 权力在文化意义的生产与转换中起到了重要作用;

3. 文化遗产保护工作中体现出了一种"文化再生产"原则。

(一)中国租界建筑的多重文化象征

建筑是一种兼具使用功能、审美特性以及象征等多重功能与特性的人类造物,"建筑不仅为人类提供了一个遮风避雨的栖息所, 而且也创造出了一个社会的以及象征的空间——这个空间映照并体现了其创造者与居住者的世界观。"①同样,"建筑是凝固的音乐",这已近乎公理的说法给予我们的启示是:作为一种艺术的物质存在,建筑不仅承载了艺术的美学符号,也蕴含了艺术的种种复杂性。艺术本身作为人类社会文化的一部分,必然承继着人类社会文化的种种特性,而建筑就是这样一种包含着各种复杂性的,既

---

① "Architecture involves not just the provision of shelter from the elements, but the creation of a social and symbolic space a space which both mirrors and moulds the world view of its creators and inhabitants." Waterson, Roxana, The Living House: An Anthropology of Architecture in South-East Asia, London: Thames and Hudson, 1997, p. xv.

普遍又特殊的物质及社会文化存在。

就中国租界中的建筑而言，由于其建造的特殊历史原因和背景——政治、军事及外交上的失败，一系列不平等条约的签订，等等，所以它们必然带有遭受"帝国主义"侵略的历史烙印。此外，以现实主义的文化观来看，西方建筑与中国建筑具有鲜明的文化区分，从中可以发现西方建筑美学及功能上的各种要素；反之，以观念主义文化观来分析，则不难找到其中透射出的一套特殊的文化价值规则、空间观与宇宙观。有关文化形成的唯物论与主观建构论之争，人类学界至今仍没有定论，由此也就不难理解，今天人们对于租界建筑问题的种种争论。

回首百年前的中国，国衰民弱，一个疆域辽阔的泱泱帝国，在西方列强的洋枪、洋炮下不得不弯下骄傲的身躯。所以，尽管情感上是屈辱的，但国人仍然会认同那些代表了"先进的""现代的"西方物质文明，也因此，当时会有大量的中国人选择生活在租界里。这也是一个人类社会发展过程中，不同文化在与其相伴随的各种制度条件下发生相互抗争的一种历史选择。

"人是悬挂在由他们自己编织的意义之网上的动物。"①格尔兹(Clifford Geertz)道出了一种文化态度。在同一社会历史时期，对于不同层面的人们来说，同一种类型建筑的文化象征意义是不同的；而在不同的时空当中，对于某一群体来说，这些文化象征的意义也会发生变化。人们既是编织这些意义的主体，同时又受制于这些自己的创造。玛丽·道格拉斯(Mary Douglas)从日常生活的象征性观点出发，旗帜鲜明地指出："意义是流动的、漂移的，难于掌

---

① [美]克利福德·格尔兹著.文化的解释.纳日碧力戈等译.上海：上海人民出版社,1999.5.

握。"①对空间而言,她认为:"空间是服务于文化进程的一个元素,它的分类极富含义:住房、面积、所在的街区方位、与其他中心的距离、特定的范围,这些都是支撑观念范畴的因素。"②

就本文所讨论的"租界"建筑而言,我做了一个较为先验的历史划分:1949 年之前,该区域最鲜明的标识为"租界",代表一种权力——"洋人"之于中国,同时也是西方的现代化之于传统中国的落后的权力,伴随着"小洋楼"建造的品质与使用者的身份,它显示出时尚、高级、富贵等文化符号;而自 1949 年到"文革"前,国家对该区域进行了社会主义改造,改变街道的名称、建筑的职能以及服务的对象和使用者,等等,强调的是这些建筑为社会主义服务的功能性;"文革"期间一直到 1976 年大地震,是一个毁坏期,先是人为地破坏——以破"四旧"的名义,而后是地震,使得已经成为"老城区"的租界变得更加破旧不堪;20 世纪 80 年代中后期开始到今天,是保护期,以发现旅游经济增长点为契机,越来越多的人开始"怀旧",开始发掘这些老房子的历史、文化及商业价值,通过拆迁、置换等手段将其保护和改造,成为商业、旅游的场所。本文试图通过象征人类学与解释人类学的理论,找寻"小洋楼"背后的文化象征意义,分析它们的生成与发展逻辑。

(二)弥散在历史与空间"场"中的权力

权力与文化意义的生成和转换有着密切的关系。福柯是最

---

①[美]玛丽·道格拉斯、贝伦·伊舍伍德.物品的用途.罗钢、王中忱主编.消费文化读本.北京:中国社会科学出版社,2003.60.
②[美]玛丽·道格拉斯、贝伦·伊舍伍德.物品的用途.罗钢、王中忱主编.消费文化读本.北京:中国社会科学出版社,2003.62.

早注意到建筑与权力关系的学者之一。他强调对一种弥散的权力实施体系的研究,指出了以往权力研究的局限:"就目前而言,为了分析权力关系,我们只有两种模式:一是法律提出的模式(权力作为法律、禁制、制度),二是权力关系的军事或战略模式。"他同时指出,"对权力关系的分析应该缩小范围。"①藉由与热雷米·贝斯(Jeremy Bentham)等人关于监狱等建筑空间与权力关系的对话,福柯指出:"应该写一部有关空间的历史——这也就是权力的历史——从地缘政治的大战略到住所的小策略,从教室这样制度化的建筑到医院的设计。"他主张:"不仅要说空间决定历史的发展,而且历史反过来在空间中重构并积淀下来。空间的定位是一种必须仔细研究的政治经济形式。"②之所以福柯说权力是弥散的,是因为他发现建筑本身具有一种权力,而不是我们以往讨论的权力那样,自上而下,通过军队、法律等国家机器,具有强制性和限制性。权力是弥散在人类社会中的,比如建筑——当然建筑的权力是人所设定的,但这种权力一旦被设定,它的实施对象还是人。反观建筑的权力,我们也不难发现,正是由于建筑具有的文化象征性使得人们能够对建筑的权力进行象征性的创造。中国租界中的"洋楼"从建造、使用、买卖到搬迁、拆毁,无不是这种权力关系的体现,反映了一种人类社会和文化的结构与能动性的关系。

布尔迪厄(Pierre Bourdieu)也研究权力,但是与福柯不同,他通

①权力与性.包亚明主编.权力的眼睛——福柯访谈录.严锋译.上海:上海人民出版社,1997.47.

②权力与性.包亚明主编.权力的眼睛——福柯访谈录.严锋译.上海:上海人民出版社,1997.152.

过一种资本理论:经济资本、文化资本、社会资本及象征资本等相互之间的关系来讨论权力,他指出,象征资本是其他几种资本被感知且认知为正当的时候所展现出来的样子。[①]他提出了一个"场域"(field)的概念:(场域指)位置之间客观关系的网络或图式。这些位置的存在、它们加诸于其占据者、行动者以及机构之上的决定作用都是通过其在各种权力(或资本)的分布结构中的现在的与潜在的情境客观地界定的, 也是通过其与其他位置之间的客观关系(统治、从属、同一等)而得到界定的。[②]在他看来,社会正是经济资本、文化资本、社会资本和象征资本通过各种"场"进行相互的转化和权力斗争所构成的。

近代中国是一种"半殖民地半封建"的"场"。有学者认为"在中国史的研究中,近代中国半殖民地问题的研究最具世界性"。[③]因为这段历史投射出的是一个全球背景下中国社会文化的变迁, 也就是说,全球场景中清朝统治下"晚期帝国场"与西方各资本主义国家殖民扩张,进而军事侵入的"场"之间相互交错勾连。而就近代中国这样一种"半殖民地半封建场"而言,其内部又由不同的"场"搭建。以天津为例,曾经先后设立九国租界,对于中国而言,他们是一个叫做"租界"的整体,而他们内部则又有各自的分别,又存在不同的权力关系构成;同时,近代中国内部处在一种地方割据、军阀混

---

①[法]彼埃尔·布尔迪厄.社会空间与象征权力.见包亚明主编.现代性与空间的生产.上海:上海教育出版社,2003.298.

② Bourdieu, Pierre, and L.J.D.Wacquant. 1992. An Inviatation to Reflexive Sociology. Chicago: University of Chicago Press. 转引自[美]戴维·斯沃茨著.文化与权力:布尔迪厄的社会学.陶东风译.上海:上海译文出版社,2006.136.

③胡成. 全球化语境与近代中国半殖民地问题的历史叙述. 刘东主编. 中国学术(总13辑). 北京:商务印书馆,2003.164.

战的状况中,社会的层级关系非常复杂,外国势力、清朝的没落贵族、新兴的资产阶级、地方势力、各系军阀以及与外国势力关系密切的买办阶层,等等,将整个社会编织成了一种"密不透风"的权力网络。

同样注意到结构与能动性的关系,但与福柯着重对物理空间的权力分析不同,布尔迪厄更关心人在日常生活不同"场域"中的实践,不同场域——包括不同历史时期的社会空间场中,建筑所彰显的权力不同。一位年逾八十,在租界生活了近七十年的老人对我说:"那时候,这里的好房子都是外国人的,但是豪华的深宅大院都是中国人的。"这反映出了一种特别有意思的社会空间构成,普遍而言,作为"洋人"的外国人代表一种"高"阶层,但他们还是不可能占据中国社会的最高层。后来,也有当地的居民告诉我:"我们这儿住的什么样的人都有,从将军到无业游民、劳改犯……"建筑的权力是人为建构出来的,同时也控制着人们。由于 100 年间,中国租界的建筑与社会生活不断发生着变化,因此借助福柯对于建筑与权力的思考以及布尔迪厄的场域理论,对租界这样一种政治、经济及文化变动复杂的历史空间进行考察,有助于我们以一种新的历史视角来研究中国社会文化的构成以及历史变迁。

(三)文化遗产保护——一种"文化再生产"的过程

"文化再生产"是布尔迪厄社会理论的一个重要组成部分。他在《再生产:一种教育系统理论的要点》一书中,用"文化再生产"理论分析了资本主义的文化制度是如何通过教育等手段在人们的观念里"合法化"的,从而使得现存的社会结构和权力关系得到"再生产"①。布尔迪厄的"文化再生产"理论的重点在于强调"再生产"与原有基础结构的关系，以及再生产过程中各种力量相互作用的复杂性，特别指出当代社会文化再生产由于象征性权力的介入，对社会结构的重构以及文化资源再分配的重要影响。他指出："鉴于象征资本只不过是经济或文化资本被知悉与认知时的样子，是经由它所安置的感知范畴而被认知到时的样子，权力的象征关系倾向于再生产并强化建构社会空间之结构的那些权力关系。"②

租界，是中国曾经遭遇帝国主义侵略而形成的半殖民空间，是近代中西方文化间发生碰撞的一个最直接的平台。最初，平台上所展示出的是被侵略、受压迫、遭耻辱的景观，而与此同时亦展示出了隐含着的西方文化及生活方式的诸多新奇和现代性。随着社会文化时空的变迁，不仅最初那些不耻的意义在渐渐隐去，隐含的意义不断显现，而且还增添出了新的意义。阿帕杜莱(Arjun Appadurai)曾经以印度板球的个案论述了一个"去殖民化"过程③，对于中国而言，将"租界"改造成为"风情区"也是一种"去殖民化"的努力。在我看来，这个"去殖民化"改造也正是布尔迪厄"文化再生产"理论的一种表现，它通过人们对于城市及建筑之文化意义的有意或无意地增减与转换而实现的，人们通过这样一个过程，在一个曾经是被帝国主义侵略的、西方的、外来的空间中，建构起了一种美的、高级的、时尚的、现代的，西方主义的同时也是爱国主义的、民族主

---

①[法]P.布尔迪约、C.帕斯隆著.再生产：一种教育系统理论的要点.邢克超译.北京：商务印书馆，2002.

②[法]彼埃尔·布尔迪厄.社会空间与象征权力.包亚明主编.现代性与空间的生产.上海：上海教育出版社，2003.306.

③阿尔君·阿帕杜莱.现代性游戏：印度板球的非殖民化.罗钢，王中忱主编.消费文化读本.北京：中国社会科学出版社，2003.367~396.

义的文化认同。

二、研究方法

(一)透过建筑物考察社会文化的变迁

文化变迁是人类学向来所关注的一个重点。近代中国是在与西方强势文化发生激烈碰撞的情形下成长的。通过租界——这个不同文化相互接触、相互对抗的平台,以及 100 年来的变迁,我们不仅可以看到异文化的他者,还可以看到已然成为他者的,历史的自己。对于殖民接触地的文化变迁,马林诺夫斯基早在 1945 年就有过专门论述, 他在《文化变迁的动力》(The Dynamics of Culture Change)中指出:

文化变迁的研究, 与人类学通常展开的田野工作所研究的稳定的文化的研究有所不同, 其中存在着侵入的文化和被侵入的文化。因此,我们要研究的就不仅仅是一种而是两种文化,其一是侵入者强制被侵入者文化的改变,另外一种则是相反。不仅如此,还总是存在着一种侵入型和政府性的社区,这也就是白人的聚落。这种社区绝对不是对殖民者家园的母社区的复制。在此, 土著人的社区和欧洲人的社区之间的互动,形成了研究第三种类型的机会。这第三种类型即为居住于非洲的印度人、叙利亚人、阿拉伯人等等。在某些时候, 还可能为诸如南非好望角有色人种社区之类的聚落成长提供机会。所有这一切使我们的研究对象复杂化了, 或者甚至可以说使我们的研究对象的组合变得十分多样化。

在这样的场合中，人类学者再也不能像研究大洋洲岛屿那样研究一个明确界定的整体了。他所研究的是一个宽阔的大陆的一个小小分支，所研究的是被巨大的腹地包围着的社区。事实上，人类学者应该在民族学的意义上考察这样两种腹地：其中之一是欧洲文化的腹地，这个腹地是（非洲的）欧洲人社区进行文化接触的基点，是指导他们活动的文化，是他们从中进口物品、接受观念的地方。而最终，以这样或那样的方式，（非洲的）欧洲人总要回归到他们的这个腹地。非洲人也有他们的腹地以及现在已经变成过去的事物的旧文化。在某种意义上，非洲人也拥有自己的社区，以便在他们与白种人进行短暂接触后，可以返回故里。此外，当然还存在着其他部落地腹地，非洲人与这些部落形成合作的关系。如果说普通人类学是一种单项的研究，那么，文化变迁的研究则将最少是对三项东西的研究：即对白种人的腹地、黑种人的腹地以及对文化接触那一项的研究。如果我们没有关涉白人和土著人那两项，那么，中间那一项的研究将不可能。①

应当说，租界为我们研究受殖民影响的社会文化变迁提供了一个非常好的平台。而租界建筑则为我们提供了研究殖民者与被殖民者的文化，以及他们之间互动的一种良好途径。租界里的"小洋楼"不仅在一定程度上改变了居住其中的中国人的居住方式以及家庭观念，同时也赋予了人们对于西方的无限想象。

租界，就如玛丽·路易·普拉特（Mary Louise Pratt）所提出的，是一种"接触地带"（contact zones）。她认为"接触地带"是："殖民遭遇的空间，在地理和历史上分离的民族相互接触并建立持续关系的

---

① Malinowski, Bronislow, The Dynamics of Culture Change, Yale: Yale University Press, 1945, p.15.

地带,通常涉及到压制、极端的不平等和难以消除的冲突等状况。"但她同时也认为:"接触地带并不仅仅是统治的地带,即便是不平等的交流。"她将其称作一种"跨文化行为":"从属或边缘团体从统治或宗主国文化传达给他们的材料中进行选择和发明。被征服的民族不可能马上掌握发源于统治文化的材料,但他们的确决定要不同程度地选择他们所要吸收的,并决定所吸收材料的用途。"①作为一种"接触地带"的租界,对于中国的多数普通百姓来说,更多情况下或许是一种"非直接接触"地带,而是需要借助于一些媒介物,这其中包括建筑、书刊、报纸、学校教育等。而就建筑而言,它们正如玛丽·道格拉斯所指出的那样——"构筑了世界",具有"建立以及维持社会关系的用途"。②通过对不同历史时期人们对租界"小洋楼"价值的认识及使用状况的考察,我们有可能捕捉到在建筑"物"的意义变化背后的社会文化变迁,发现其中变与不变的种种因素与原因。

(二)建筑的结构与能动性

结构与能动性的关系至今是人类学悬而未决的一道难题。权力是一种关系,权力结构的生成与其实施对象之间必然存在一种依附关系。就权力实施过程中结构与能动性的分析来说,福柯提出了几点方法论上的考虑:

1)我们的分析不应该关心处于中心位置的受到调节的合法形

---

①Pratt, Mary Louise. Imperial Eyes: Travel Writing and Transculturation. Routledge, 1992. p.6~7.

②[美]玛丽·道格拉斯、贝伦·伊舍伍德.物品的用途.罗钢、王中忱主编.消费文化读本.北京:中国社会科学出版社,2003.54~57.

式的权力,不应该关心驱使它们工作的普遍的机制,以及由此带来的持续效应。这相反,应该关注权力的极端状况,权力的最终归宿,权力的细微管道,也就是说,权力的区域的和局部的形式和机构。事实上,我们最应当关心权力在什么地方超越了对它进行组织和限制的权利的规则,把自己扩展到这些规则之外,把自己付诸制度,具体化为技术,用工具甚至暴力的手段来装备自己;2)我们的分析不应当关心权力的自觉的意向和决策的层面;我们不应该从内部的视角来看待权力,不应该问那种令人迷惑不解、难以回答的问题:"谁拥有权力,他脑子里想的是什么?拥有权力的人的目标是什么?"我们要在权力完全投入到真实有效的实践中的地方研究权力。我们要研究权力的外在形象,要研究权力与其对象、目标、应用领域的直接的关系,在它安置自己并产生实际效应的地方。……我们应该问,在不断开展压制活动中,在征服我们的身体,支配我们的姿势,规定我们的行为的不断的过程中,事情的发展是怎样的。换句话说,不要去看统治权孤傲的一面,而是要去发现受统治的臣民是怎样通过多种机体、势力、能量、材料、欲望、思想,逐渐地、持续地、现实地具体地被构成的;3)应该小心的问题同这样的事实有关,即权力不应该看作某个个人对他人,或者说某一群人或一个阶级对他人的稳定的、同质的支配现象。相反,我们应该牢记,如果我们不是站在很远的地方来看权力的话,权力并不在独占权力的人和无权而顺从的人之间制造差异,权力可以看成是在循环的过程中,具有一种链状的结构。它从不固定在这里或那里,不是在某某人的手中,不像商品或是财富。权力是通过网状的组织运作和实施的。不仅个人在权力的线路中来回运动,他们同时也总是处于实施权力的状态之中。他们不仅是被动接受的对象;他们也是发号施令的成员。换言之，个人是权力的运载工具，而不是权力的实施对象；4）还应注意第四点，其前提如下：当我说权力建立了网络，在这网络中它自由地流通循环，这种说法只是在某些方面正确。根据同样的观点，我们可以说我们的头脑中都有法西斯主义，或者在深刻一些，我们的身体中都有权力。但是我不相信我们因此就能够得出结论，说权力是世上分配得最好的东西，虽然从某种意义上也确实如此；5）最后，权力的主要机制确实有可能会导致意识形态的生产。①

对于中国的租界建筑而言，从其建造开始就是不同利益群体之间权力的一种博弈，伴随着所谓的"西洋"建筑的新材料、新技术以及科学、合理、健康的空间布局等"合法性"，它们以非常具体的形式施展着权力。生活在"小洋楼"中的各种居民在不同的历史时期，以不同的方式"体验着"建筑带给他们的权力，同时也对建筑施展着自己的权力。人们通过建造活动赋予了建筑体一定的权力，但是这种权力也反过来塑造人们的思想和意识，同时又不断地给予建筑权力以新的内容。本文试图通过考察租界建筑的变迁，分析其中体现出的不同权力结构的关系，以及在不同社会历史时期所发生的变化，这些变化对建筑又产生了哪些影响，从而来讨论结构与能动性的一种关系。

（三）在历时与共时的纬度中考察一种"流动的"地域性

20世纪末越来越多的学者对以往人类学田野工作方法进行了

---

①[法]米歇尔·福柯.1976年1月14日讲座.包亚明主编.权力的眼睛——福柯访谈录.严锋译.上海：上海人民出版社,1997.231~236.

质疑,阿帕杜莱提出:随着族群的迁移,人们在新的地区重新集结成群体,重新建构他们的历史,并重新构筑他们民族的"形貌",民族志中的民族呈现出一种流动性,不可能再有从人类学描述中反映出的地域特征。[①]我同意他所说的那种流动性,并且认同他所提出的"重新构筑的'民族形貌'",但是我认为在这种"重构"的过程中,不是没有了"地域性"而是再创造出了一种"新的"地域性,这种地域性是"流动"的。

虽然就本文的"田野"而言,它是一块有明确地理区划的空间,但它却从其划定、设立和建造之始就鲜明地表现出了一种"流动的"地域性:在中国的村庄上建造起了一座"意大利"小城,而这座小城里又生活着大量的中国人,他们以往的生活方式、社会关系与价值观,由于居住房屋的样式和格局的变化而受到了影响,而这种影响在不同的历史时期,面对不同的群体和个体,发挥的作用也不同,因此,要了解这种"流动的"地域性必须借助于历时与共时两种维度进行考察。

天津历史上曾经设立有九国租界,所以形成了后来被称作"万国建筑博览会"的城市景观,今天很多人去天津游览,为的就是看老天津的"小洋楼",认为那才是"真正的"天津。回顾天津租界的历史不过百余年,而我们今天却不可否认这种以"小洋楼"为一种物质存在而形成的"新的"地域性,这种地域性已然成为现在人们认同的一种标识,同时我们也注意到它还在继续发生着变化,随着当下进行的城市建设、老城区改造以及历史建筑的修复、保护和再利

---

① Appadurai, Arjun. Global Ethnoscapes: Notes and Queries for a Transnational Anthropology. Richard G. Fox ed. Recapturing Anthropology: Working in the Present. Santa Fe: School of American Research Press, 1991, p.191.

用,过去形成的那种地域性还在继续"流动"着。而本文的另外一个
目标就是,不仅说明这种"流动性"的存在,还要考察这种"流动性"
背后的力量。

(四)自我的"他性"——历史人类学的视角

对于人类学一贯坚守的研究"他者"的传统而言,王铭铭在《逝
去的繁荣》前言中写道:"在人类学界,向来存在一种说法,即认为
人类学者只有通过研究别的民族的文化,才能对自己民族的文化
进行反思。我这部书或许能够证明,在本土社会中,通过历史时间
的跨越,即通过对于自己文化的过去的研究,我们同样能够获得对
于我们现实生活的反思。"①回首我们自己文化的历史,那些既熟悉
又陌生的种种表象已然透射出一种自我的"他性"。

对于中国近代史的研究,尽管 20 世纪 80 年代以后,扩大了
观察的视角,但至今仍多为受国家意识形态话语控制的政治性讨
论,而且近年来出现了一种看似新颖却套用以往"二元论"的话
语,即从正反两个方面:一方面肯定殖民侵略的事实,另一方面肯
定其为中国现代化进程起到的积极作用,或者更有甚者还提出类
似"中国人应该给租界恢复名誉"的观点。②其实,中国租界的存在
与任何社会存在的共性就在于它一定具有两面性,这是一个不言
自明的事实,对于当下很多中国城市在对原来租界建筑的保护与
开发利用方面进行积极努力的现象,我认为并非可以用一个肯定
和否定或者两面性的解释就行得通。在文章《在历史的垃圾箱

---

①王铭铭.逝去的繁荣:一座老城的历史人类学考察.杭州:浙江人民出版社.1999.前言 4.
②焦国标.中国人应该给租界恢复名誉,http://bbs.people.com.cn/bbs/ReadFile?whichfile=
　1609299&typeid=26

中》，王铭铭追溯了列维－斯特劳斯对历史学与人类学（民族学）关系的讨论，总结出一种人类学理解历史的精神：广泛地说，参照并同时超脱结构人类学的"野性思维"，却能带着"冷逻辑"来思考"热历史"，志在"解放""热历史"在它的"垃圾箱"中"关押的"、本来可以解释这种历史本身的"被忽略的历史"的历史学，即人类学……我们从这种人类学的论述推导出来的历史学，便是一种历史理解的精神，而非历史本身。[1]本文亦是希望凭借这样一种"精神"来理解历史，同时也是理解当下，并且希望能够对我们的未来有所启发。

福柯和布尔迪厄都注意到了权力与"话语"的关系问题。对于殖民时期历史遗迹的租界建筑而言，由于其历史特殊性，就如夏铸九所指出的：殖民建筑与城市之历史研究必须处理几个历史写作的问题，即与殖民者间之平等关系、殖民地的历史形构、被殖民社会之社会结构与动力，最后，它们如何以空间的知觉与形式来表现与抵抗"殖民"。这些固然有赖于理论接合（theoretical articulation）之能力，可是，这个表现过程的特殊性与棘手处在于历史写作的反省性对话之意义（the meaning of reflective dialogue）。被帝国主义殖民的社会，是一个被殖民国家资本主义化的社会结构，以及，这个社会具有被殖民历史所分化的精英与一般平民，也因此，被殖民与后殖民历史所错置的认同经验所束缚。这需要以训练有素的眼光去释明（decipher）一层层被涂掉后重新写上的地景，以具有深切反省能力的反身性认同（reflexive identity）重建被殖民者自身之历史感。

---

① 王铭铭.走在乡土上——历史人类学札记.北京：中国人民大学出版社，2003.256.
② 夏铸九.殖民的现代性营造——重写日本殖民时期台湾建筑与城市的历史，http://www.bbtpress.com/homepagebook/476/sy10.htm

②因此,本文不仅要通过该租界建筑的历史、当地居民的社会生活史,还要借助于对相关历史话语的分析,来阐释从"租界"到"风情区"的变迁过程及原因。

第三节 内容概述与章节安排

　　本文通过对天津一个正在进行整修、改造的原租界近一年半的人类学考察，希望能够突破以往关于租界历史的"二元论"话语，通过分析租界建筑文化意义的生成和转换，说明一个曾经写满帝国主义侵略符号的历史空间，经历100年的社会历史与文化变迁后，如何可以改写为一种中外文化交流、增进相互了解、促进国际贸易以及城市旅游和休闲消费的城市景观。

　　为了更加清晰、完整地将历史事件与社会变迁展现出来，本文通过租界建筑的历史、原租界区域居民的社会生活史、相关的历史话语变迁等三个不同的角度进行讨论。

　　在具体的内容安排上是这样考虑的：

　　第一章导论。介绍选题的缘由，通过比较以往人类学有关建筑的研究方法及方法论，提出自己的一些思考与具体方法。通过分析中国租界建筑的多重的文化象征，指出文化象征背后那种弥散在历史与空间"场"中的权力，而当下的文化遗产保护——对租界建筑的修整、改造和再利用就是权力体系下的一种"文化再生产"的结果。同时提出,通过建筑史考察社会文化的变迁的优势,建筑的建造和使用突出体现结构与能动性的关系,就租界建筑而言,通过对其变迁的考察还有助于我们更细致地分析不同文化间的相互作用。

第二章研究现状综述。大致从四个方面展开。首先是建筑与权力的关系,以福柯最早提出的"权力"理论为出发点,回顾自摩尔根开始的人类学若干理论流派对于建筑与人类社会文化关系的研究,指出,通过建筑的权力分析,有可能更好地理解人类社会的结构与能动性的关系问题;其次,租界是一种特殊的空间形式,其中充斥着各种权力与文化形式的相互对抗、相互影响,因此对于租界建筑的研究可以更清楚、更多角度地把握权力与建筑文化意义的关系;再次,天津是我国近代历史上租界最多的城市,曾经先后有九个国家在那里设立过租界,城市空间复杂,被称为"万国建筑博览会",具有城市建筑史与城市史研究的基础,近年来又由于天津"建卫600周年"等原因,出版了大量有关民俗和城市建筑方面的著述;最后,对当前相关"文化遗产保护"研究以及政策、法律、法规、条例等进行了简单的梳理。

第三章讲述天津原意大利租界的历史沿革。本章以租界的建筑史为主线,采用倒叙的方式,从我第一次踏入"田野"的所见所闻开始,回述意大利租界设立前天津的社会背景,租界设立与建设的过程,以及当时的建筑状况;租界收回后,国家对其进行了一系列的改造,其间经历各种人为和地震的破坏。

第四章以"故土'他乡'"为题,讨论租界这样一种外来的空间形式与中国人、中国文化发生了哪些关系。一方面,最初租界的建设者们是希望通过在占领的土地上的一种建造活动彰显其政治、经济和文化的特权,而另一方面,居住在租界中的中国人虽然生活在故土却俨然又是个"他乡"。从而试图说明当地人的日常生活经过"小洋楼"进行了重新安排的同时,是如何通过自己的理解和使用重新"塑造"了"小洋楼",体现出了怎样的主体性。同时,藉由中国人与西方建筑的相互作用,讨论了不同文化之间的关系,以及通过租界建筑所反映出的西方与东方、传统与现代之间的等级逻辑。

第五章主要叙述"租界"社会生活史,以原租界空间中居民的人员构成为中心,通过不同历史阶段不同家庭居住空间的改变,分析权力关系在社会生活共同层面中的转变,包括社会的、家庭之间以及家庭内部的权力结构的转变。

第六章讨论社会记忆的问题。主要借助于历史话语的分析,以及人员的访谈,讨论不同历史阶段的主导性话语对人们价值观的影响。社会记忆分不同的层次,有时候人们会有意识遗忘一些东西,同时也会无意识创造一些新内容,这归结于具体的社会文化情境。

第七章关于文化遗产保护,指出文化遗产保护同样是一种"文化再生产"活动,是人们基于以往的历史材料,对文化进行再加工并进行消费的一种活动;藉由本题所调查的具体项目,提出文化人类学对于遗产保护工作的几点理论上的关怀,对保护工作中价值评判以及评判的主体,保护工作中的原则等问题提出了人类学的观点。

最后的结语部分为总结性的讨论,指出"租界"到"风情区",是社会文化变迁过程中,权力在不同的"场域"中,通过各种布尔迪厄意义上的资本的相互作用,使建筑的意义不断再生产的一个过程,"风情区"是一个文化再生产的结果。

第二章

围绕租界建筑的相关讨论

第一节　建筑的权力:结构之中的能动性

建筑,在汉语中是个双重性质的词语,既是名词也是动词。建筑,既是人类的一种伟大创造活动,同时也是这一创造活动的成果。通过建筑活动,人类同其所处的抽象空间建立了具体的联系;透过建筑本体,我们不仅可以观察到其物质形态的细微之处,还能够捕捉到各种文化习惯与社会关系结构的具体变化,从而洞悉其中所蕴含着的当地人的深层观念——宇宙观。

一、作为一种弥散式权力体系的建筑

人类学早期对于权力的研究主要局限在政治人类学领域中对于国家或者社会控制层面,而且就如福柯所说:"在本世纪(20世纪)60年代,往往把权力定义为一种遏制性的力量:根据当时的说法,权力就是禁止或阻止人们做某事。"[①]与人类学的研究传统相一

①[法]米歇尔·福柯.权力的阐释.包亚明主编.权力的眼睛——福柯访谈录.严锋译.上海:
　上海人民出版社,1997.27.

致,以往对于权力的研究也局限于研究边缘和遥远异域的"他者",试图在非西方国家和地区中所谓的集权与非集权社会或政治组织之间找出某种规律。直到 20 世纪 70 年代后,才开始转向西方国家内部的权力体制及运作。受到当时兴起的后现代文化研究的影响,人类学家开始关注权力或权威是如何通过符号、仪式、语言和艺术作品等媒介而加以运作的。

　　福柯是最先在国家权力运作机制以外讨论权力的学者之一。但他并没有建立出一个一般化的权力理论,而是试图发现一种"弥散"的权力体系,以及权力在实施过程中权力双方的关系,即一种相对于权力实施的能动性。福柯在《必须保卫社会》一书中强调,要对权力做自下而上的"上升分析",也就是说,从最细微的政治机制入手,探寻权力个体的历史、轨迹、技术和战略,而不应对权力进行推演,"从其中心点出发,试图去看它在下层延伸至何处"。对他而言,权力远远比单纯的"遏制"复杂,他指出:"从宽泛的意义上来说,我认为禁止、拒绝、抑制不仅远远不是权力的根本形式,甚至它们造成了权力的局限性,使权力受挫并走向极端。"[①]"我在研究癫狂和监狱的过程中,发现一切事物似乎都围绕着这样一个核心:什么是权力。或者,说得更明确些,权力是如何实施的;当某人对另一个人实施权力的时候,究竟发生了些什么?"[②]他注意到 18 世纪开始出现的一种反映在建筑发展上的, 普遍的统治性建筑话语:"我们开始看到某种形式的政治文献,讨论这社会秩序应如何,城市应

---

①[法]米歇尔·福柯.权力与性.包亚明主编.权力的眼睛——福柯访谈录.严锋译.上海:上海人民出版社,1997.42.

②[法]米歇尔·福柯.权力的阐释.包亚明主编.权力的眼睛——福柯访谈录.严锋译.上海:上海人民出版社,1997.27.

如何，提出维持秩序的条件；提出应避免传染病、避免叛乱，允许正当以及道德的家庭生活等。在这些目标下，他们构想着城市应如何组织、公共基本建设应如何兴建？以及住宅应该怎么盖。"①对他而言，"空间乃权力、知识等话语，转化成实际权力关系的关键。在此，最主要的知识是指美学的、建筑专业的和规划科学的知识。"②

建筑是一种空间的构成形式。对于社会文化人类学来说，对于空间的专门讨论似乎还是一个新题目，但实际上，自人类降生于这个星球，就与空间建立了不可分割的联系。一般来说，空间属于物理或自然地理范畴，是一个物质性的概念，但不可否认，它同时也是一个社会文化概念，因此空间兼具物质和社会文化双重性；不仅如此，空间还是一个既抽象又具体的概念。黄应贵在《空间、力与社会》导言中总结了对于空间的几种认识：1）视空间为一种社会关系，包括个人之间及集体之间的；2）视空间为某种先验的非意识的认知构架；3）被视为宇宙观或一种象征；4）被建构为有如意识形态或政治经济条件；5）被视为文化习惯，包括文化的分类观念与个人的实践。③建筑，作为一种人类的文化创造，它实现了具有双重属性的抽象空间的具体化。

二、结构与功能：对建筑权力的早期叙说

人类学中最早对建筑进行专门论述的学者当数摩尔根（Lewis

---

①[法]米歇尔·福柯、保罗·雷比诺.空间、知识、权力——福柯访谈录.包亚明主编.后现代性与地理学的政治.上海：上海教育出版社，2001.1.
②[法]戈温德林·莱特、保罗·雷比诺.权力的空间化.包亚明主编.后现代性与地理学的政治.上海：上海教育出版社，2001.29.
③黄应贵主编.空间、力与社会.台北：中央研究院民族学研究所，1995.4~7.

Henry Morgan）。他在 1881 年出版的著作《美洲土著的房屋和家庭生活》中阐述了一种观点——建筑与制度和风俗习惯有密切的联系。他在书中写道："村居印第安人的土著建筑比其他任何事物都更能使他们在人类进步的阶梯上取得应有的地位。他们在其他方面的实际社会状况可惜已经模糊不清，不过那些状况在确定印第安人的地位方面，比现在尚存的建筑遗迹要逊色得多。"①就如所有人类学早期持进化观点的学者，他希望从房屋的平面图和结构上把不同部落的房屋做比较，通过这些比较来表明这些房屋在哪些方面代表一个体系，从而揭示其中的"原则"——与其生活方式相适应的原则，正是"建筑"证明了该文化在"人类进步阶梯"所处的位置。他认为建筑准确地反映了人类社会发展的轨迹。

在摩尔根以后的很长时间里，很少有人类学家对房屋或者建筑进行专门讨论，而更多的是借鉴他所开创的这种分析路径，参照一种特定文化的建筑空间来对该文化的其他方面进行研究。自马林诺夫斯基（Branislow Malinowski）以来的民族志方法，则更是一定要求把当地的居住状况作为社会文化的一个方面加以介绍，在他所创立的"文化表格"当中可以清楚地看出这一点。②他在《西太平洋的航海者》中对岛上的住屋曾经有这样的描述："在甘薯仓外围是一圈住屋，与甘薯仓同一圆心，在这两排建筑物之间形成一条环形街道。住屋的高度比甘薯仓低，直接从地上建起，没有台基。屋内黑暗闷热，门是唯一的通风口，但经常关着。每间屋里住着一个家

---

①[美] 路易斯·亨利·摩尔根著.美洲土著的房屋和家庭生活.李培茱译,北京:中国社会科学出版社,1985.110~111.
②"文化表格"（第二表）（戊）"物质底层"项包括"住屋""私生活上设备的分化（家庭布置）",参见吴文藻.人类学社会学研究文集.北京:民族出版社,1990.228、235.

庭,即夫妇和小孩;未婚的青少年男女住在单身房里,每间住 2~6
个人,酋长和上等人除了他们妻子的住屋外,还有特别的私人房。
酋长的房屋通常在若干呈环形的仓库中间地带,面对本地的主要
场地。"①从这段文字里,我们不难看出,作者注意到的不仅是建筑
的物理空间结构和功能,其中更主要体现的是当地社会中人的结
构与关系以及文化的观念,不同的社会群体和个体有不同的居住
和生活空间,建筑的空间关系透射出社会的分层、等级以及相应的
权力。

在中国,吴文藻先生曾经写作《蒙古包》一文,指出:"欲了解蒙
古人的现实生活,首当认识'蒙古包',因为这是蒙古物质文化中最
显著的特征。我们也可以说,明白了蒙古包的一切,便是明白了一
般蒙古人的现实生活。"②而我们所熟悉的费孝通先生的《江村经
济》③以及林耀华先生的《金翼》④当中也都有介绍"住房"的专门篇
章。这些研究尽管没有明确提出建筑的权力问题,但实际上已经表
达出了建筑与当地文化的一种构成关系,以及它们在象征体系中
的位置。许烺光先生在《祖荫下》中则更明确地指出了房屋的象征
性:房屋反映了人们的争强好胜之心,此传统连绵不绝。此世的居
所不仅为个人提供舒适和安定,更标志着整个家族群体——包括
死者、生者和未来一代——的整合与社会声望。⑤

---

①[英]马林诺夫斯基.西太平洋的航海者.梁永佳等译.北京:华夏出版社,2002.51.
②吴文藻.人类学社会学研究文集.北京:民族出版社,1990.75~76.
③费孝通著.江村经济——中国农民的生活.北京:商务印书馆,2005.113~114.
④林耀华著.金翼.北京:生活·读书·新知三联书店,第三章"打官司"中东林"三层平台"的
新房,第四章"张家新居"中张家的"龙吐珠"
⑤许烺光.祖荫下:中国乡村的亲属,人格与社会流动.王芃、徐隆德译.台北:南天书局有限
公司,2001.

　　列维—斯特劳斯（Claude Lévi-Strauss）在《面具的奥秘》中谈到夸克特人（Kwakiutl）的社会组织时提到了一个"住屋社会"的概念。他写道："于是，通过这种住屋社会，我们可以发现一套权力与义务体系的结构，它们纵横交错在一起，原先的统一体分裂了，而原先分裂的又统一了，即便这种联结在一起的社会间发生冲突，也被视作是安全的，因此被视作自然而然的事情，即便这常常是种错觉。因此，促进了第二性的生成，文化给历史提供了它应有的舞台。"①列维—斯特劳斯其实很早就注意到空间与社会组织结构的关系问题②，只是他考虑的重点在于其所谓的"二元组织"，而忽略了对其他方面的讨论。布尔迪厄很早就注意到了实践分析的方法，但在早期还是更多地沿袭了法国的结构主义传统，他在《住宅或颠倒的世界》中，就基本上采用的是这种分析手法，观察和研究了卡比利亚柏柏尔人的住宅与社会结构，他指出："住宅是王国中的王国，但它始终处于从属地位，因为，它虽然包含了对原型世界做出规定的全部属性和全部关系，但依然是一个倒转的世界，一个倒影。"③

三、权力的建造

　　就建筑而言，它是一种物质的结构，福柯引入了一种权力分析的维度：建筑具有一种权力的结构，这种结构是人在设计建造的过

---

① Lévi-Strauss, Claude. The Way of the Masks （1979）. Translated from the French by Sylvia Modelski. Seattle: University of Washington Press, 1982, p.187.
② [法]列维—斯特劳斯.结构人类学（1）.张祖建译.北京：中国人民大学出版社,2006.148~180.
③ [法]皮埃尔·布尔迪厄著.实践感.蒋梓骅译.南京：译林出版社,2003.443.

程中给予建筑的，而它们反过来通过建筑又对人实施了种种权力的控制。

国际人类学界自 20 世纪 60 年代开始，出现了一个比较大的理论转向。人类学家奥特纳（Sherry Ortner）在《60 年代以来的人类学理论》一文中指出，60 年代以来的人类学已经走上了不同于功能主义和结构主义的道路，在结构主义之后，人类学界的理论探索放弃了对大范式的追求，同时也开始在学科的定位中注意到对人文价值的强调。作者还指出，如果我们仔细审视现在的人类学研究，我们还是能够发现其中的一些趋势，即迈向实践的趋势。这种趋势本身既不是理论，也不是方法，而是一种象征（symbol）；正是凭借这种象征，不同的理论和方法才得以发展。①象征人类学的重要代表人物之一格尔茨在《尼加拉：十九世纪巴厘剧场国家》中，也试图通过人类行为的象征性来解读权力的象征机制。②就建筑而言，其象征性是不言而谕的：帝王城堡的威严与宗教建筑及场所的神圣性无疑都显示着建筑所具有的象征性，而"我们有了世界上最宏伟的宫殿，而老百姓的房屋则是一片低矮和灰暗。这种巨大的反差，鲜明地衬托出伟大与渺小的对立"③。所表现的更是一种象征性背后的等级与权力。

列斐伏尔（Henri Lefebvre）在《空间的生产》当中明确提出了空间的社会性生产问题，空间与政治之间的关系问题。他指出："但是

①Ortner, Sherry, "Theory in Anthropology since in the Sixties", in Comparative Study of Society and History,1984,P.26.
②[美]克利福德·格尔兹著.尼加拉：十九世纪巴厘剧场国家.赵丙祥译.上海：上海人民出版社,1999.
③叶廷芳. 中国传统建筑的文化反思及展望. 光明日报,2006-9-7.

如今看起来空间是政治的。空间并不是某种与意识形态和政治保持着遥远距离的科学对象。相反地，它永远是政治性和策略性的。假如空间的内容有一种中立的、非利益性的气氛，因而看起来是'纯粹'形式的、理性抽象的缩影，则正是因为它已被占用了，并且成为地景中不留痕迹之昔日过程的焦点。空间一向是被各种历史的、自然的元素模塑铸造，但这个过程是一个政治过程。空间是政治的、意识形态的。它真正是一种充斥着各种意识形态的产物。"①

与布尔迪厄早期的关注点不同，他在 1989 年的论文《社会空间与象征权力》中从象征权力的角度阐发了对社会空间的理解，并将其与他的核心概念——"资本""惯习""场域"以及"再生产"联系起来。他认为，客观的权力关系总是倾向于在象征的权力关系中再造自身。"事实上，在任何社会里，总是存在着试图安置正当区分观点、企图建构群体的各种象征性权力之间的冲突。象征权力在这个意义上，是一种'建造世界'（world making）的权力。"他提出了一种"建构主义的结构主义"（constructivist structuralism）及"结构主义的建构主义"（structuralist constructivism）观点。他写道："就结构主义而言，我的意思是不仅在象征系统（语言、神话等）里有客观结构，社会世界本身，也有各种客观结构，它们独立于行为者（agent）的意识与意志之外，而且可以引导与限制行为者的实践或表征。就建构主义而言，我是指有双重的社会源头（genesis），其一是组成我称为习性（惯习：habitus）的那些感知、思想与行动的架构。"②

---

①[法]亨利·列斐伏尔.空间政治学的反思.包亚明主编.现代性与空间的生产.上海：上海教育出版社，2003.62.

②[法]彼埃尔·布尔迪厄.社会空间与象征权力.包亚明主编.后现代性与地理学的政治.上海：上海教育出版社，2001.292.

第二节 作为"半殖民地半封建"空间的租界

应该说世界近代史就是一部欧洲资本主义在全球范围内进行殖民扩张的历史。今天的中国,一个带有殖民色彩的空间在经历了百年历史与现实的洗刷之后,试图以一幅全新的面貌呈现世人,其背后一定演绎着种种复杂的权力斗争与转换。

福柯在文章《不同空间的正文与上下文》中指出,存在一种与现实的日常生活空间不同的空间类型,他将其定义为"差异地点",并列举了"差异地点"的六种特征,他认为殖民区是这种差异地点的一种极端类型。他写道:"差异地点的最后特征,是它们对于其他所有空间有一个功能。这个功能展开了两种极端:一方面,它们的角色,或许是创造一个幻想空间,以揭露所有的真实空间(即人类生活被区隔的所有基地)是更具幻觉性的(或许,这就是那些著名妓院所扮演的角色);另一方面,相反地,它们的角色是创造一个不同的空间,一个完美的、拘谨的、仔细安排的真实空间,以显现我们的空间是污秽的、病态的和混乱的。后一类型并非幻象,而是补偿性差异地点,并且,我怀疑没有哪个殖民地不扮演这个角色。"①反观中国的租界,似乎是对福柯所描述场景的应证。与肮脏、混乱的华界不同,租界分明是一个"人间天堂"。那么为什么会有这种"人间天堂"的存在,为什么人们会认同它为"人间天堂"?

　　对于近代的中国,陈天华曾经写道:"老的、少的、男的、女的、贵的、贱的、富的、贫的、做官的、读书的、做买卖的、做手艺的、各项人等,都将是洋人畜圈的牛羊,锅子里的鱼肉,所谓'大好江山,变成了犬羊世界;神明贵种,沦落为最下的奴才'。"②当西方势力以军事武力强行渗入中国的时候,也是中华帝国全面衰落的时候,几千年来构建起来的权力体系似乎在瞬间崩溃了。虽然这个过程还伴随着文化的碰撞与破坏,但无论就个体的中国人而言还是积淀了数千年的中国文化而言,对西方文化的接纳并不能说是完全放弃了主体性的一种被动适应,然而,那种主体性如何体现? 又是如何作用的呢? 我认为阿萨德(Talal Asad)提出的建议是非常有意义的,他指出,欧洲强势地位的历史"不仅仅是一段时期内对被殖民者的压迫,而是一种无法更改的转变过程。在这一转变过程中,过去的欲望和生活方式已然崩溃而继之以新的形式——这一转变的历史速度之惧、影响之深远以及范围之广泛更是史无前例"③。他因此呼吁,需要一门关注后殖民现状的历史人类学。对于中国的情况而言,在遭到殖民入侵之前,数千年积淀下来的各种封建政治、经济

①米歇尔·福柯.不同空间的正文与上下文.包亚明主编.后现代性与地理学的政治.上海:上海教育出版社,2001.27.

②陈天华.警世钟.朱钟颐评注.北京:华夏出版社,2002.

③Asad, Talal. Afterword: from the history of colonial anthropology to the anthropology of Western hegemony. In George Stocking ed., Colonial Situations: Essays on the Contextualization of Ethnographic Knowledge. Madison: University of Wisconsin Press, 1991. p.314.

及文化制度完备，所以在与西方的资本主义"文明"发生撞击之后，产生了非常特殊的发展轨迹，这就是后来被称作"半殖民地半封建"的社会形态。1949年社会主义中国建立后一直延续了这种两个"半"的后殖民话语，这种话语的影响也延伸进了"租界"这一中国特有的殖民空间当中。

一、殖民与后殖民主义理论的兴起

20世纪60年代以后，后殖民主义研究在西方学术界兴起，这是一种带有鲜明政治性与文化批判色彩的学术思潮。[1]它对帝国主义的文化霸权有着强有力的挑战性和批判性，并和广大第三世界国家的反对殖民主义和文化霸权的斗争密切相关。总体说来，所谓"后殖民主义"指的就是"殖民主义之后"。就如马林诺夫斯基所说，殖民区"绝对不是对殖民者家园的母社区的复制"。在殖民侵入后，不仅对当地文化造成了一种嵌入式破坏，同时也"创造"出了一种有别于殖民者原来母文化的"新"文化。

从全球范围看，整个近代就是一个强势的西方资本主义政治、经济及文化在世界范围扩张的过程，因此，殖民化已然是一个历史的事实，其影响必然渗透在被殖民者社会生活的各个方面，殖民时期如此，在伴随着武力的大规模军事殖民扩张结束后仍然如此。殖民主义的形式是多种多样的，与早期对于美洲和非洲的殖民扩张不同，工业革命以后的殖民主义，以英国为首的国家相继推行一些新的殖民政策。相比之下，殖民影响对于古老博大的中国来说，似

---

[1]罗钢、刘象愚主编.后殖民主义文化理论.北京:中国社会科学出版社,1999.1.

乎无论在时间、范围与深度上都很有限,但是却同样深远。而中国又正因为古老博大,因此,在与西方文化的"对话"过程中必然有许多特殊之处。一种政治经济上的不平等,必然会导致文化交流上的不平等,但并不代表对原有文化的全然否定和覆盖。与萨义德所提出的被西方的他者所想像与建构出的一种"东方主义"相对照,在曾经被殖民的国家和地区是否也存在着同样被当地人想象与建构的"西方主义"呢?

正如有学者指出的,当下对于后殖民主义的研究与殖民"之前"有着密切的联系,或者说是殖民"之前"的延伸。①但我相信它同时也是殖民主义"之中"某些内容的延伸。我国学者张法在文章《论后殖民理论》中指出:"后殖民主义理论是用一种新的观点和方法,去分析资本主义殖民扩张以来,殖民者和被殖民者之间的关系,以及这种关系在殖民时期和后殖民(按两段论,后殖民包括新殖民)时期的演化。"②

1978年萨义德(Edward W. Said)《东方学》的出版,开辟了一条关于后殖民话语分析的路线,在那之后的所谓后殖民理论也基本上建立在对于各种层面的后殖民话语分析之上。萨义德指出,"东方主义"作为一个"被建构的"概念,实际上与地理意义上的东方和东方人毫无关系,它体现了东西方关系中实际上存在着的某种不平等的关系,所谓"东方主义"便成了西方人出于对东方或第三世界的无知、偏见和猎奇而虚构出来的某种"东方神话"。③在1993年出版的《文化和帝国主义》(Culture and Imperialism)一书中,萨义德

---

①罗钢、刘象愚主编.后殖民主义文化理论.北京:中国社会科学出版社,1999.1.
②张法.论后殖民理论.教学与研究,1999,(1).
③[美]爱德华·W·萨义德著.东方学.王宇根译.北京:生活·读书·新知三联书店,1999.

透过后殖民主义的理论视角分析了明显具有后殖民性的英国作家吉普林和康拉德的小说，并以一个比较文学学者的身份对这一学科存在的局限进行了反驳。如果说《东方主义》所批判的主要是欧洲老牌殖民主义者的话，那么这本书的批判锋芒则直指当代以美国为代表的新殖民主义和文化霸权主义。

斯皮瓦克（G. Spivak）和霍米·芭芭（Homi Bhabha）是与萨义德齐名的另外两位非常著名的后殖民主义理论家。斯皮瓦克作为一位亚裔血统的女性学者，她的研究更具复杂性，她集解构主义、马克思主义、女权主义于一身，通过对解构理论的深刻的女权主义视角考察，对资本和国际劳动分工问题的马克思主义的批判，以及对帝国主义和殖民话语的批判，她所涉猎的问题极其广泛。霍米·芭芭在《文化的定位》（The Location of Culture,1994）提出了"杂糅"（Hybridity）文化身份理论。他认为，移民独特的经验要求新的，与稳定"疆界"相反的呈现自我的方式。"疆界"充满对立和矛盾，是人们思考世界与个体关系的障碍。芭芭这样描述"杂糅"的文化身份，他说，"时空的跨越产生了复杂的身份：它既是差异，也是趋同；既是过去，也是现在；即是包容，也是排斥。"①他否定将身份本质化的观点，认为身份是话语的建构，而且指出既然身份是话语建构的，那就有可能以新的方式进行重构。他认为，文化不是纯洁的而是混杂多元的，新的"杂糅"身份可以通过"操演"得以塑造并强化。另外，新的身份表征对于个体和群体都可能产生重要的影响力，而这种新的群体关系不同于过去建立在民族、种族等稳定范畴基础上的共时性联系。

---

①Bhabha, Homi K., The Location of Culture, London, New York: Routledge, 1994, p.4.

后殖民主义理论思潮自 20 世纪 90 年代初介绍到中国以来，引起了内地和港台学者的强烈兴趣。就内地来说，以清华大学为代表，据不完全统计，已经出版的研究后殖民主义的理论专著包括王宁的《后现代主义之后》《超越后现代主义》和曹莉的《史碧娃克》，以及王宁主编的《全球化与后殖民批评》、罗钢主编的《后殖民主义文化理论》、王宁主译的《后革命氛围》等，这些著述多为对国外后殖民理论的追随以及宏观层面的讨论。就后殖民空间与建筑的问题而言，近年来由于澳门成功申报"世界文化遗产"而引发了大量关于殖民遗迹保护问题的讨论，其中以"上海外滩申遗"问题为代表；另外，还有对于当前国内建筑设计中存在的"崇洋"之风也有相关的讨论，如吴辰的《警惕殖民主义和自觉殖民主义在建筑文化中的蔓延》以及孙蓉蓉的《后殖民理论与第三世界国家建筑》等。港台方面由于自身的殖民历史原因，更多关注本地的后殖民问题，比如廖炳惠的《回顾现代：后现代与后殖民论文集》，王文诚的《多元文化与后殖民空间：空间再诠释》等，台湾大学建筑与城乡研究所的夏铸九就台湾的殖民空间做过相当具体的讨论，如《殖民的现代性营造——重写日本殖民时期台湾建筑与城市的历史》及《公会堂与大稻埕南街——殖民城市的中心广场与反殖民城市的对抗性都市空间狭缝》等文章。

二、"半殖民地与半封建"的空间

最早研究天津城市建筑的学者卢绳在文中写道："天津自从 1860 年开埠以来，在半封建半殖民地的社会里，经过约 80 年的建设发展，到此几乎是旧天津发展的顶点。从建筑艺术上讲，整个阶段是集仿主义思潮盛行的低潮时代,加以国民党政权的统治,城市建设缺乏合理规划,使得天津市区的发展趋向畸形的繁荣,半封建半殖民地城市的面貌,也更充分的暴露出来。"①

接下来他分三个方面论述了那种"半封建半殖民地"城市的面貌:

(1)各租界的建筑设施,反映了殖民主义者的反动本质。在开辟租界之始,就已经突出地表现出帝国主义者在经济上的掠夺。英、法、美首先开辟租界就占据了海河西岸,建造码头仓库及开办洋行;其后日、德、俄、奥、比、意诸国也都如此。这一时期外商银行和其他工商业的大批建造,更明显地反映出帝国主义者的侵略本质。

(2)不同地区建设的悬殊,说明了阶级矛盾的尖锐。这一时期旧城区的建设很差,特别是公用设施和卫生条件等方面,与租界区形成了鲜明的对比。如城东北郊的金钟河两岸,城南门外的赤龙河一带以及西南角的南开污水池附近,民居房屋矮小,街道泥泞,卫生条件很坏,而租界内的高等住宅区,房屋宽敞,道路平整,设施完善。前者密居的都是劳动人民,后者安乐的又是那些军阀、官僚、富商、教士,阶级社会的生活悬殊,于此可见。

市区内公园和绿化的面积非常狭小,各租界的公园,仅供外国人享用,有的甚至还无理的限制中国人民进入。全市并无一所为一般市民服务的比较完善的医院和图书馆。为了满足外国商人及中国买办阶级及其他富有者的享乐需要,建有各种俱乐部。

---

①卢绳.天津近代城市建筑简史(1960).天津文史资料(第24辑).天津市政协文史资料委员会编.天津:天津人民出版社,1983.28.

　　(3)从各国割据局面看出城市的盲目发展。由于各国租界自成区域,必然导致市区的盲目发展,如道路系统的杂乱无章,宽度既不相同,工程标准也不一致,规划更谈不上,各租界的道路名称,都带有各国的色彩,建筑形式风格迥异。城市无统一的中心,建筑分布也很不合理,譬如在繁荣的劝业场地区却留下外国人墓地。宗教建筑有基督教、天主教、东正教、犹太教等教堂,还有日本神社,各种形式的建筑物纷然杂列,充分刻画出一个半殖民地城市的面貌。①

　　"半殖民地半封建"作为一种标准语汇存在了将近一个世纪。它不仅是国家对近代中国社会性质的总概括,也是中国马克思主义史学家研究中国近代史的根本观点。最早提出"半殖民地半封建"理论的是列宁,但他只是建构了这样一个二元对立的理论框架,是毛泽东后来将这一理论加以发扬的。

　　钱穆在《国史新论》中从经济、政治和教育等方面对近代中国的"殖民地化"形态作了精辟的阐述。经济上,"中国社会一向栽根在农业经济上,骤然接触到近代商业经济性的西洋社会,而手足无措。自从五口通商,历年的贸易入超,已经迫得中国农村经济逐步干涸。而商业资本,则始终婉转在次殖民地的买办利润下求生存。"同时,"社会没有力量去影响政治。政治脱离了社会,没有安定的重心。社会脱离了政治,没有集中的领导。政治动摇,社会没有力量控制。内部是军阀,外面则仰赖帝国主义之发踪指示。帝国主义的力量,又远超本国军阀力量之上,于是不论学术、政治、军事,也全形

---

①卢绳.天津近代城市建筑简史(1960).天津文史资料(第24辑).天津市政协文史资料委员会编.天津:天津人民出版社,1983.28~29.

成一种次殖民地的买办姿态,举国重心,都不由自主地外倾了。这是这一百年来,中国社会在转型期中,一最显著的特征。我们若勉强要替它安立一名称,不如称之为一个殖民地化的社会。"①

　　租界,应当说是中国"半殖民地半封建"社会最为集中的一个缩影。胡成在文章《全球化语境与近代中国半殖民地问题的历史叙述》中提出了以往大陆学者对于半殖民地问题讨论的局限性——仅局限在国家关系和主权问题,而忽视殖民权力在中国社会日常生活各层面上的弥散,及其对于普通人的生活乃至日常心理的深刻影响。就本文来讲,或许是打破他所提出的局限以往中国近代史研究的一个初步实践。正如他所指出的:"反观1950年代以来中国大陆近代史学界对'半封建半殖民地'的历史叙述,以及1980年以来'近代化'的叙述语式,对反帝反封建斗争和发展资本主义的强调都是在基于侵略/反抗,或者在近代/传统的二元对立,这多少是在重复当年殖民统治者在被殖民者中蓄意设置的'文明/愚昧''肮脏/干净''先进/落后''开放/保守'的简单区分,不管其主观目的怎样,客观上都在中华民族内部制造了分裂,以及随之而来的歧视、对立和仇恨,而对实际历史自然也有太多的歪曲、遮蔽……这种以西方为中心,或者说以西方意识作为投射而建立起来的民族主义史学,最大的尴尬莫过于当被殖民者叙述自己的历史时,不得不把舞台让位给外来侵略者,使之继续扮演主角。"②如何突破这种"二元"话语的局限,是本书试图努力解决的一个重要问题,而且那个历史"舞台"上到底是哪些人在扮演着何种角色呢?

---

①钱穆.国史新论.北京:生活·读书·新知三联书店,2005.29~30.
②胡成.全球化语境与近代中国半殖民地问题的历史叙述.刘东主编.中国学术(总13辑).
　北京:商务印书馆,2003.161~162.

"租界"这一名词在中文中出现的时间稍微晚于租界的设立，大约为 19 世纪 60 年代。一般认为，租界要具备中外文件条约作为依据，有明确的地域四至，区域内的外国居留民行使独立完善的行政、司法体系。中国的租界制度以最早建立的上海租界为蓝本，并影响到其他租界。租界最主要的特点是内部自治管理，并不由租借国派遣总督，而是成立市政管理机构——工部局，担任市政、税务、警务、工务、交通、卫生、公用事业、教育、宣传等职能，兼有西方城市议会和市政厅的双重职能。

与被割让的领土不同，租界在名义上其领土仍属出租国，并且自身不具备治外法权的属性。但历史上租界使用国均是藉由本国通过不平等条约取得公民领事裁判权。租界的行政自治权限制了租让国在其区域内行使行政权，部分租界甚至还有立法权限。租界的领土主权所有国将租界视为外国领土，不敢轻易干涉租界内部事务，更别提军队、警察开驻，因此难以对租界内的行为进行司法活动，要从租界引渡犯罪的非租界使用国公民一般就会很困难。这个特点往往也令租界成为一些持不同政见者或战争时期平民的避难场所。

租界一般分布在沿海、沿河等通商口岸或便于贸易活动的城市中，换言之就是外国资本主义能够进行经济活动的地点。由于租界的特点，外国人多愿意在租界投资办厂或从事贸易活动，此外也建立教堂进行传教，建立具有本国特点的学校、医院、坟地等附属设施。因而租界的经济文化繁荣程度往往远高于其周围的地区，依照城市发展的方式，自然而然成为该城市的商业中心，并以租界为中心向外慢慢扩张，为城市留下有别于传统文化的，浓厚的外国特色，并成为拉动城市部分相关行业发展的契机。对于相当多曾经是通商口岸的城市而言,其城市的几何中心一般都有租界的影子,可见租界对部分城市区位因素的影响。

与近代各国在北京设立的东交民巷使馆界不同,租界是许可外国人(不仅是外交人员)进行任意不违反国籍所属国的活动。换言之就是租界内的活动可能有违反租借地所在国法律的行为。同等性质的还有"居留地"。刘敬坤和邓春阳曾经撰文《关于我国近代租界的几个问题》,专门讨论了"租界"的概念,指出租界与居留地的界定原则:凡经由我国政府以条约、协定或协议形式,正式同意承租某地区的外国掌握该地区行政权的,是为租界;凡我国政府虽然划定某一地区租赁予外国侨民居住,但我国政府仍掌握有该地之行政权者,是为居留地。①

第二次世界大战结束之后,世界政治格局发生了变化,包括中国在内的许多经历过被殖民的国家对自己进行重新整合,在不同程度上以不同的方式进行了一种"去殖民化"的努力,但是,被殖民的烙印不仅仅刻在了人们的历史记忆深处,也存留在我们的身边。弗里德曼认为:"由于世界的复杂性在日益增加,文化没有变迁。变化的是认同和意义赋予的方式。"②我以为,"文化没有变迁"的说法不乏偏颇,但认同的方式与赋予意义的方式肯定是变了,但为什么变且怎么变了呢?

安德森(Benedict Anderson)在《想象的共同体:民族主义的起源与散布》中指出,殖民地官方民族主义的源头实际来自于殖民地政府对殖民地的想象。这种制度使得殖民地政府得以通过制度

①刘敬坤、邓春阳.关于我国近代租界的几个问题.南京大学学报(社哲版),2000,(2):22.
②[美]乔纳森·弗里德曼.文化认同与全球性过程.郭建如译.北京:商务印书馆,2003.113.

化(institutionalization)和符码化(codifiction)将自身对殖民地的想象转移到殖民地的人民身上,并塑造了他们的自我想象。他援引泰国学者东猜(Thongchai Winichakul)的话说:"地图先于空间现实而存在,而非空间现实先于地图存在。"①作为空间的表征,地图实际上重新塑造了当地人的观念世界,将所有解释性的空间细节排除出去,代之以抽象化的,被置于一个更大的地理脉络中并可以量度和计算的平面图景,以其可复制性成为机械化再生产时代的国家力量的象征和控制建制。在这一过程中,也产生了一种新的群体认同,并在其后的社会生活脉络中表现为新的社会事实。中国的租界曾经被外国列强构建成自己异域的家乡,也曾经长期被一种政治话语塑造成一种"半殖民半封建"空间的代表,如今要改造成为"风情区",这些都与安德森所谓"想象的共同体"的讨论存在某种关联。

阿里夫·德里克(Arif Dirlik)提出了一个非常重要的问题,他说:"近代殖民主义将其遗产留给了现在和未来,从而塑就了殖民者和被殖民者的历史轨迹。我所提议的是,倾心于殖民主义及其遗产导致了一种过去控制当代现实的观点,而漠视了由当代权力重构所导致的历史遗产的重新配置。"②后殖民主义批评家霍米·芭芭(Homi Bhabha)则认为,全球化过程创造了一种文化杂交性的第三空间,这种空间使其他立场的出现成为可能。以租界为代表的中国"半殖民地半封建"空间以及其留存到今天,并且正在被

①[美]本尼迪克特·安德森著.想象的共同体:民族主义的起源与散布.吴叡人译.上海:上海人民出版社,2005.153~176.
②[美]阿里夫·德里克.殖民主义再思索:全球化、后殖民主义与民族.刘东主编.中国学术,2003,(1).北京:商务印书馆,2003.119.

改造成"风情区"的现实,是历史的必然还是某些人为力量努力的结果?

第三节 天津的租界

　　"天津租界在近代中国租界史中占有重要的地位。"尽管"天津租界的总面积有 23005.5 亩,比上海租界要小。但是由于天津的租界为多国分占,各自为政,皆为专管租界,并且还驻有大量各国军队,所以从很多方面看,天津租界在中国的租界史上更具典型意义。研究天津租界对于进一步认识西方列强是如何对中国进行军事威胁、政治控制、经济掠夺、文化渗透,以及中国是如何沦为半殖民地半封建社会的,都具有很重要的意义。"①

　　天津是座年轻的城市。一般认为,天津城始建于明永乐二年,至今已有 600 年历史,虽然与中国其他历史城市相比只算是个年轻的城市,但其最初的格局与建筑同传统中国城市却也并无大异。随着 1840 年第一次鸦片战争的炮火轰开了我们的国门,作为中国重要门户的天津也"自然而然"地沦为了一座"特殊"的城市。1860

---

①尚克强、刘海岩主编.天津租界社会研究.天津:天津人民出版社,1996.1~2.

年《北京条约》的签订,导致天津被迫通商,"由一个封建性的交通
枢纽和商业城市,逐步走向半封建半殖民地的近代工商业港口贸
易城市。"①自1860年到1902年,天津先后设立了九国租界,从此
彻底改变了天津城市的发展轨迹。天津的老城一再衰落,而租界的
繁荣却与日俱增,以至于"小洋楼"成为了日后天津城市的标志性
景观,并因此形成了后来被称作"万国建筑博览会"的城市风貌。或
许有不少人都记得毛主席曾经说过:"北京的四合院,天津的小洋
楼。"对于很多人来说甚至忘记了或者本来就不知道——天津的
"中国老城",而将曾经的租界视作天津的老城区——天津的"本
来"面貌,因此,关于近代天津的研究是不可以避开租界问题的,而
目前关于天津租界的研究又主要集中在两个方面:城市史的发展
与城市建筑的发展。

一、关于天津城市发展史方面的研究。天津城市史研究兴起于
20世纪80年代后期,主要有来新夏主编的《天津近代史》(1987),
罗澍伟主编的《近代天津城市史》(1993),尚克强、刘海岩主编的
《天津租界社会研究》(1996),马玫著《天津城市发展研究》(1997),
于树香的博士论文《天津开埠与文化变迁》(2002)及刘海岩著《空
间与社会:近代天津城市的演变》(2003)等。这部分研究主要都是
以社会发展的角度,对天津城市及社会变迁做了历史性的陈述。

二、城市建筑方面的研究。如《中国近代建筑总览·天津篇》、高
仲林主编的《天津近代建筑》(1990)、荆其敏等编著的《天津的建筑
文化》(1998)、冯骥才主编的《小洋楼风情:民居建筑》(1998)、滕绍
华等编著的《天津建筑风格》(2002)以及刘景樑编著的《天津建筑

①罗澍伟.近代天津城市史.北京:中国社会科学出版社,1993.134.

图说》（2004）等。这些著述也都是对建筑风格与形态的陈述性总结，与城市社会发展史的研究相似，资料性都很强，但在理论方面的讨论较少。

现存的关于天津原意大利租界最早的文献，主要是一些章程，如《意租界建筑章程》（1908），《意大利王国驻津领事馆公开拍卖土地公告》（1908），《天津意国租界章程》（1924）。当年主要负责建造租界的意大利军官费雷第（FILETI）著有《天津意大利租界》（La Concessione Itallana di Tien-Tsin），该书于1921年由意大利热那亚的一家出版社出版，与章程相比，该书较综合地介绍了当时的社会背景以及建造过程，其可贵之处是让我们可以通过一个殖民者的眼睛来看当时的状况，而且由于他是租界的建设者，因此也向我们讲述了租界最初的"成长"。1926年商务印书馆出版了南开大学政治学会编写的《天津租界及特区》。

20世纪30、40年代，各国租界被陆续收回，有意思的是，小小的意租界竟然是除日租界外，被"伪政权"收回的最后一个租界。半个世纪过去了，20世纪80年代开始陆续出版了一些关于近代天津城市、建筑与文化的书籍，其中天津市政协文史资料研究委员会以及天津市档案馆、天津社会科学院历史所等编撰了一系列包括《天津租界》《天津租界谈往》《天津近代城市建筑简史》及《天津租界档案选编》等资料汇编，这为后来的研究提供了相对可靠的依据。

2004年为了纪念天津建卫600周年，出版了大批关于天津的著作，内容涉及人物、民居建筑、民俗民情、社会文化、政治经济、市政建设等方方面面，其中一个重要思路就是"文化保护"与"历史风貌建筑的保护"。就原意大利租界建筑保护的研究来说，早在1986年原意租界就被确定为天津市历史风貌保护区，1988年开始修复了一些1976年地震损毁的"角楼"。1998年河北区政府对该区域进行了规划,1999年正式被批准立项并成立了"意大利风情区筹备管理委员会"。2001年百花文艺出版社出版了由郭长久主编的《意式街风情》,全书收录了40余篇关于该街区的建筑、历史、文化、人物等方面的文章。这些文章涉及的范围很广,虽然缺乏考据,但是提供了大量线索。就专门关于"意式风貌建筑"改造工程的论述来说,有天津大学的研究生郭小东写作的硕士论文《原意租界的改造设想》,王晶、黄琼和王峥分别发表的文章《天津意大利建筑风貌区的修复与开发纪录》《从天津原意租界改造看历史街区的保护性开发》(《城市环境设计》2005年第1期)。北京大学的一些建筑学师生也专门对这一区域做了调研和测绘,并在《建筑业导报》2005年5月号发表了专题报告《天津原意大利租界建筑"考现"》。这些文章主要是以建筑学的视角对该事件进行了记录和陈述。

总体来讲现有关于天津城市与建筑的研究,包括最近关于"保护与再利用"方面的研究,由于"租界"与"殖民建筑"的政治敏感性等原因,相对来说都较缺乏更深层理论方面的关照,但由于这些研究主要集中在晚近的100余年间,资料的丰富性与可靠性都很强,这是本选题得以开展的基本保障。

第四节 作为一种文化遗产的租界

文化遗产保护是个常提常新的话题，而近年来在中国关于文化遗产的讨论又格外火热，而且范围极其广泛，从物质到非物质，从远古到近现代，从东方到西方，从国内到国外，等等，以至于有学者认为，中国当前的文化遗产保护似乎有种"运动化"的苗头。①

人类学自学科建立之初的一个主要关注点就是研究"人类的文化遗存"。而且，我们很难否认的一个事实是，很少有哪些现实不属于人类的文化"遗存"。与当下大部分文化遗产保护工作实践有所不同，人类学关注的往往不是"遗存"本身，而是其背后所透射出的人类社会的文化意义。

按照芒福德（Lewis Mumford）的观点：城市是仅次于语言的人类创造。就城市保护来说，1832年法国大文豪雨果就在文章《向拆房者宣言》中为法国城市改造过程中古老建筑的存留而呐喊。在我

---

① 王铭铭.警惕遗产保护中的"运动化"苗头.广州日报，2006-6-15.

国,以梁思成、林徽因等为代表的西学归来的建筑师们,也早在 20
世纪上半叶就开始以实际行动投身于中国的古建筑与城市保护工
作中。但直到今天,老房子的拆与留,旧城的保护与发展仍然是人
类面临的一个重大抉择。美国诗人爱默生说过:"城市是靠记忆而
存在的。"每当人们评说一座城市是否有文化的时候,往往凭借的
就是该城市的那种记忆的丰富性。"依靠经久性的建筑和制度化的
结构,以及更为经久性的文学艺术的象征形式,城市将过去的时
代、当今的时代,以及未来的时代联系在一起。"①城市以及其中的
建筑是历史文化过程的产物。对历史城市、街区以及建筑的保护,
决不是要把它们当作某种历史标本或遗骸,也并非只是要记录那
些经由建筑师提炼出来的用以承载某种风格的标志或符号,而是
要记录建筑在其建造与持续使用过程中所经历的种种过程,所沿
袭的种种风俗,以及人们及其各种活动在与建筑发生互动所留下
的印记。

　　18 世纪末欧洲就开始注意到保护"历史建筑"的问题。法国
1840 年成立了历史建筑管理局,1913 年颁布了保护历史性建筑的
法令;英国 1877 年创建了"古建筑保护协会",1882 年颁布了第一
部古迹保护法;日本、美国也都分别在 1900 年前后颁布了相关的
历史建筑保护法。在中国,清朝末年开始注意到了"文化遗产"保护
的问题,但主要关注的是名胜古迹的保护,并开始了一些相关的调
查工作,但由于社会历史的动荡,这一工作并未有什么实质的结
果。直到北洋政府建立以后,1916 年北洋政府公布了《保存古物暂
行办法》,并且开始着手进行普查,还成立了专门的古物陈列所。

①[美]刘易斯·芒福德著.城市发展史.北京:中国建工出版社,2005.105.

1927 年国民政府成立后,1930 年制定并颁布了《古物保存法》,并由朱启钤发起成立了"中国营造学社",但直到后来梁思成、刘敦桢等人的加入,引进了西学的实地调查,才开始了系统的现场测绘记录等工作。"中国营造学社"先后对 200 多个县、2000 多座历史建筑进行了调研。

历史建筑的保护,最初关注的重点是纪念性建筑、古迹、宫殿、庙宇等,对于城市整体风貌建筑的保护是相对晚近的事情。就中国城市保护工作来说,通常认为发端于 20 世纪 50 年代关于北京城的保护,即著名的"梁陈方案"。城市需要发展,但是城市也需要承继历史赋予的文化底蕴,如何进行有效的保护和发展就成了一个主要课题,由此,1964 年通过了保护城市历史地段的《威尼斯宪章》:必须把文物建筑的所在地段当作我们注意的对象,要保护它的完整性,要保证用恰当的方式清理和展示它们。因为地段蕴含着不可再生的文化信息。1976 年和 1987 年又分别通过了《内罗毕建议》及《华盛顿宪章》两份关于历史城镇及历史街区保护的国际文件,这才使城市整体建筑保护工作进入了一个历史新阶段。

总体来看,目前关于历史城市与街区保护的研究主要集中于各种保护立法与项目的具体规划与实施方面,侧重于制度与技术的讨论。然而,从 1931 年关于历史性纪念物修复的《雅典宪章》颁布到 2005 年的《西安宣言》,我们可以发现,人们越来越意识到文化环境(context)的重要性与独特性,《西安宣言》所提出的:"文化传统、仪式、精神活动和理念、历史、地形、自然环境价值、利用和其他因素共同形成环境的各种物质和非物质价值和内涵",充分说明了这一点。在《西安宣言》第 12 条当中也明确提出了:"在环境保护和管理方面,不同学科领域间的沟通应作为一种惯例予以鼓励。文化遗产相关领域，包括建筑学、城市和地域规划、景观规划、工程学、人类学、历史学、考古学、人种学、博物馆学和档案学等。"

2006 年 9 月 17 日意大利总理普罗迪参观天津"意式风情区"图片展

就保护的标准与价值断定来说，"原真性"原则是目前国际上公认的一项原则，但"原真性"本身就是一个极为复杂，非常值得讨论的问题。建筑的建造形式也是一个讨论较多的问题，尤其对于中国城市近代殖民时期建筑来说，那曾经令梁思成先生深恶痛绝："这一百零九年可耻的时代，赤裸裸地在建筑上表现了出来。"[①]他写道："因为殖民地经济的可怜情况，建筑不但在结构和外表方面产生了许多丑恶的类型，而且在材料方面、在平面部署方面都堕落到最不幸的水平。"[②]如此"可耻""堕落"的建筑形式今天却要被当作遗产来保护，这之间的差距有多大啊！对于建筑的艺术形式与美，以及民族形式的讨论一直都比较多，为什么会存在如此不同的立场和观点呢？

20 世纪 80 年代以后，中国近代城市建筑保护的问题才被正式

---

①梁思成著.梁思成全集(第五卷).北京:中国建筑工业出版社,2001.57.
②梁思成著.梁思成全集(第五卷).北京:中国建筑工业出版社,2001.139.

提出。1988 年 11 月 10 日,建设部、文化部联合发出《关于重点调查保护优秀近代建筑物的通知》。2002 年 10 月 28 日通过的新修订的《文物保护法》中规定受国家保护的文物包括:与重大历史事件、革命运动或者著名人物有关的以及具有重要纪念意义或者史料价值的近现代重要史迹、实物、代表性建筑。张松在文章《论近现代建筑遗产保护的制度建设》中提出中国近现代建筑遗产保护中价值判断的几个隐性特征:首先,存在时间比较短,其价值并不能用简单的"年代久远"来判断;其次,类型丰富,脱离了单一的传统建筑风格;第三,建筑功能类型与古建筑相比变化很大。①而正是近代建筑所具有的这些与以往"古建筑"不同的特性给历史建筑保护价值评判提出了新的问题。

　　近年来关于中国近代城市与历史街区建筑保护的个案研究也非常多,与上述原因相似,对于制度与技术的讨论要远远多于理论的关照。不同的是,这些个案相对来说要更加关注保护或改造后的再利用问题,这一方面是由于旅游经济的兴起,另一方面也是使旧建筑得以获得新生及发展的一条途径。

　　对于天津的意大利风貌建筑保护来说, 可能还有另外的意义。2006 年定为中国意大利年,而"天津意式风情区"被列为该活动中的一个项目。2006 年 9 月 17 日,意大利总理普罗迪访问中国期间专程参观了在"风情区"原意大利兵营举办的题为《天津意大利风情区过去、现在与未来展览——中意两国文化交流的见证》的图片展。

---

① 张松.历史城市保护学导论——文化遗产和历史环境保护的一种整体性方法.上海:上海科学技术出版社,2005.6~7.

第三章

「风情区」映像

第一节 临界状态：印象"风情区"

确切地说，我对于"意式风情区"最初的印象是来自于资料和图像，那是北京大学建筑中心"聚落研究"课程的老师和同学们对于"天津原意大利租界"的勘测、调研汇报。因为当时那里正在进行大规模的拆迁，按他们的话说，他们希望把城市街区的这种"临界状态"记录下来。他们认为，此前或者此后，他们都没机会可以如此不受干扰（人的干扰）地来测量这些房子，观察它们的结构，体会当年设计和建造时的空间感觉，他们认为这也是一种文化转型的临界状态。而我理解的这种"临界状态"则不仅仅是两种物理空间的临界和转换，更是人们记忆一段历史的临界状态。

在看过他们的汇报后，我迫切地想亲眼看看那里，通过他们的镜头，看到的是一片"惨不忍睹"的场面与依稀可辨的"异国风貌"，而我还想看到更多。

回想起来，我初次踏上那片土地的日子竟然是2005年4月1日，西方的愚人节！下午5:50，我匆匆忙忙赶到北京火车站，乘上去

"意式风情区"街景:民族路进步道交口

天津的火车,经过 79 分钟的行程,7 点过一点到达了天津。

因为天津于我已经很陌生了,亦或我对那里本来就不熟悉,因此我在车上买了张最新的天津地图,凑巧的是,看见我查地图,快到站的时候,邻座的年轻女士和我攀谈了几句,她在一家房地产公司工作,似乎还比较熟悉"意式风情区"项目的情况,她说:"那个项目做不下去,已经推了有 2 年,瘫在那里了,宣传了很久,但政府的各种支持都跟不上,只限于表功……"

由于"意租界"就在火车站旁边,所以我决定下车后先去那里看看。当时天已经黑了,我顺着一个大致的方位走过去,不多远,就看到了已经拆的零零散散的场景,再看看那些指路牌上的名称,也似乎是北大那些同学提到的,于是认定自己已经到达了目的地,就随便找了个路口走了进去。

街道正如北大同学们从建筑及规划专业角度所描述的那样:可以认为,这样的地块划分是以步行者为主要的对象而设计的,现存道路的最长距离不到 600 米,步行是相当适宜的……现存道路路面宽度在 10 米左右,红线宽度在 15 米~25 米之间,但是长时间以来路面的改动较大,原始情况已无从考证,但从两侧建筑与道路的关系来看,道路空间的宽度与高度之比,即 D:H 大概为2,这个数值也是实际规划中最常用的,可以形成街道的围合感。①

走到一个四个角上均已拆过的十字路口,我停下来,想拍下"最初"的印象,但四周很暗,而且没有人,我不禁感到有些可怕,因为是匆忙借来的相机,不知道如何调夜景,加之害怕有人过来干涉(可能是北大那些同学汇报时的语气给我的印象),似乎还有些哆哆嗦嗦的,匆匆拍了一张黑乎乎的片子就赶紧把相机收了起来。这时看见西北角的院子里有人走动,我以为有人监视,于是索性穿过马路,走过去向他打听路,隔着半墙上的栏杆问:"这儿是那儿的房子啊?"这时才发现那里不只一个人,都穿着保安制服,他们居然是在冲着院墙小便,我很尴尬,好在天黑,我尽量镇定,他们是否也尴尬,我却不得而知,从他们提裤子的动作看倒也从容,回答说:"保安公司!"于是我转身向南,走过一个院子,看见里面有旗杆,还挂着中意两国的国旗,院子的铁门锁着,两侧分别挂着"中意工业贸易××公司"和"天津海河意大利风情区筹备委员会"的牌子,再转身抬头一看,却发现自己已经到了"马可·波罗广场",夜幕中它似乎显得格外落寞,我继续向前走,看到海河,然后开始寻找去往住处的路。

次日早晨,叫了一个朋友和我一起"正式"前往"意租界"。我们在中心广场下车,过了马路远远的就看到"异国风情"的柱廊,但仅仅是个柱廊,它周围的其他部分不知道去哪里了。沿着马路向北,路牌上写着"北安道"(过去相当长时期叫胜利路),右侧的房屋大部分看上去都像是很久没人住了,显然已经拆迁了,一个河南口音

---

① 王鹏.天津原意大利租界外部空间分析.建筑业导报,2005,(5):86.

残缺不全的廊柱

的妇女背着一袋柴禾从一幢小楼的废墟里冒出来，说是来拾东西的，袋子里装的都是门窗边的小木料。走进一所房子，里面的地板都被撬起来，能看到下面的龙骨。门窗、楼梯扶手等附属设施，就如北大同学记录和描述的，都被拆毁了。整个房屋，除了水泥和砖的墙体，几乎看不到本来的样子。

马路左侧原本不属于"意租界"，也没被划入"风情区"范围，我看到那些小楼里还像住着人的样子，就跑过去打听。楼门可以打开，但似乎没人在家，异常安静，是一所两层半的小楼，数了数好像住有 7 户人，每家都挂着个门帘。出来看见一楼阳台站着个大妈，就问是否可以进去屋里看看，她却说不可以："这房子都是贫民窟，太破了，怪寒颤的，看不了……"她同意我在外面拍照，但人却躲到了晾着的床单后面。无奈转身看到旁边小楼门口站着个大爷，在门口弹裤脚上的土，就忙跑过去搭讪，老人家挺热心，同意我们进去看。一进去的门厅挺宽敞，看似母女的二人在忙着做午饭，也都很热情，让我们进到屋子里面去看，是个套间，开间很大，外间更大一些，大概 30 平米，里间显然住着一对儿年轻夫妇，外间是老两口的卧室兼起居，厨房设在外面的进厅。挨着他们这个套间的还有一个套间，楼上也如此住着两家人，每层都有一个卫生间。大妈热情地向我们介绍说，房间原来都是木地板，屋顶和墙裙也是木质带图案的，后来因为地震，墙体进行了修缮，现在成了水泥地，而木墙裙也都拆了。老大爷原来是军人，退伍后，单位分配了这套房子，从 1968 年开始一直住到现在，房子的产权是河北区法院的。老人家又介绍说，他们这幢房子过去是大军阀曹锟的姨太太住的，与旁边的两幢以及前面的天津市第一医院过去都是曹锟的房产。他还说，尽管他们这里原来也是意租界（根据资料，这里原来是奥租界），但是没有规划进风情区，因此他们的房子没有被拆迁，对面马路是去年（2004）春天开始搬迁的，1 平米 5500 元。老夫妇望着对面的房子，说不清自己是也想搬迁呢，还是舍不得？看得出，对于普通百姓而言，其实并不十分清楚历史上租界的具体界线，而且在拆迁问题上的态度也是非常矛盾的，人们通常习惯于从自己的立场

"小洋楼"改造前的居住状况

"风情区"的拆建现场（一）

出发，在一种现实的情境中对事物作出解释和判断。

转回来看到先前参观过的那所被拆的破破烂烂的房子，里面又钻出一个工人模样的男人，他告诉我们自己是在前面那所房子里干装修的，说他们正在整修天津过去一个叫某某名字的市长的房子，于是就请他带我们过去看看，这时才发现，临街的房子背后俨然已是瓦砾成堆的废墟，一台推土机正在配合几个工人拆着一幢房子。快到那"市长"的房子的时候，一个40岁左右的妇女推着辆自行车站在楼边的路口，说是刚从这里搬走的住户，指指那正拆了一半的楼——她家原来就住那二层的两间小屋，拿到了18万的搬迁费，她和那个工人就像是熟人似的聊着他们非常熟悉的话题——搬迁费。那妇女家原来的房子已经拆了一半，她是利用午休过来找点腻子之类的东西。这两个人指着我们身后的大片空地说："这些地方都要变成绿地，外面是不拆的，要保护起来的（房子），有梁启超故居啊什么的。"因为那个市长的故居整个搭着架子正在施工，不方便进去，所以我们也就没进去，而是拐去了梁启超故居，崭新崭新的，门口有个售票处，因为"中午休息！"我们只好再往前走，也是个挺新的小院，问那个门卫，说："单位保密，不可以参观！"但他似乎也是在开玩笑，所以我还是溜进去看了一圈，的确没有找到公司的牌子（后来获悉，是家名叫"米盖尔"的意大利服装公司）。

　　又向北走了一个街区，在我们买冷饮的时候，卖东西的人开玩笑似的向我们推荐旁边一个 30 来岁的男子做向导，我也就借机想多打听些事，他说自己就住在对面那所"圣心堂"的地下室里，而且同意带我们过去参观。"圣心堂"是意大利方济格会在天津唯一的一所教堂，旁边的医院原来也是教堂的。这教堂看起来很早就和"宗教"失去了联系，透过锁着的大铁门，看到一个写着"出租"字样的大牌子。教堂周围并不宽敞的院子里已经盖满了各式各样的平房，沿着平房和教堂之间的小道，跟随着这个热心人进到了地下室。地下室的光线很暗，他告诉我这里原来是教堂的储藏室、厨房之类的空间，地震前是天津钟表厂铆钉厂的车间，他家自 1976 年地震开始就住在这里了。他家最靠进入口，里面还有条长走道。进到屋里，是个两间套起来的半地下室，外间大床上半躺着一个老太太，是他的母亲，见我们进来，便热情招呼："因为地下室潮湿，我母亲已经瘫痪好多年了！"他今年 38 岁，目前还没有结婚。他哥哥是在这里结的婚、生的子，哥哥一家住在里间，而他现在则住在外面院子里自家盖的平房里面。走道里面另外还有 4 户人家，其中一家正放着流行音乐，我心里产生一种很奇妙

"风情区"的拆建现场（二）

原意租界"圣心堂"

的感觉。走出这地下室，他又顺便给我们介绍了些周围的著名建筑，还特意告诉我们"兵营下面原来是个水牢"。

按照他的指点，我们继续向东，寻找过去的意大利领事馆。那幢楼还保留的非常好，屋檐下方的装饰图案看起来很"中国"，好像是白底瓷砖上印着类似牡丹的花样。由于现在它是河北区政府的一些部门，河北区政协所在地，因此设有门卫，不让我们进去拍照，但是也没有阻挡，于是我们便进去在院子里绕了一圈（后来我曾多次到访，去位于后院的河北区档案馆查资料，也进到楼里，做有关采访），后面有座四层楼房

"圣心堂"门口挂着"招租"的牌子

和一些平房，看上去似乎与前面那幢楼并不协调。

调头往回走，不知不觉又走到先前经过的一幢房子，那是幢四户联排的二层带地下室小楼，看见有人正在搬家，我们就赶忙上去搭话，希望进去拍些照片。搬家的青年是这家房主的外孙，他的表弟在二层开办有一个叫"××"的美术班，二层的门上还贴有相应的"画室""洗手间"等指示牌。因为他们已经搬到尾声了，同时

已经有民工样子的
人开始拆了，挺危
险的，我们就没多
逗留。转过这个路
口有个胡同口，上
门写有"吉安里"字
样，胡同里面开有
一个小门，看这小
门开着，我们就向
里张望，是个很窄

地下室里居住了 30 年的人家

的小院子，右边临街的是二层带地下室的小楼，左边是排红砖平
房，靠墙有个自来水笼头，我们大声喊"有人吗？"一个妇女应声从
最里面的平房中出来，接着又从这院门背后冒出个男子，因为这门
靠着楼的后墙，所以他就好像从地里钻出来似的，吓了我们一跳，
他身后还跟着个年轻女子，走进去才发现院门后面是通往地下室
的入口，看来他们果真是从地下出来的。那男子懒洋洋地告诉我
们，因为条件没谈好所以才没搬走，可能正好也没别的事情，所以
他就顺便带我们去楼上看看，他介绍说这小楼是他姥爷的房产，而
他爷爷原来的房产在马路对面，早在十多年前就卖给一家单位了。
这楼里都已经搬空了，每层大概有四个房间，开间都比较大。一、二
层分别属于他的两个舅舅，而他的母亲分得的是后院（那排平房），
不知道是不是还有部分地下室。我好奇地问，他的姥姥、姥爷住哪
里？"地下室！"他不以为然地回答，我有些许震惊！"为什么？"他
回答："老人总希望子女们好些啊，这样对结婚什么的也都好，我舅
舅他们的孩子们也住这里……"我又询问："女儿也可以分到娘家

的财产吗?那你父亲那边呢?"回答是,父亲那边在卖房子的时候分到了钱。显然,对于父辈的财产,不论儿女都有权分享,但也很明显,他母亲跟舅舅分得的房产是不同的。同时,房屋原本的所有者(产权、使用权不详)爷爷奶奶却全然"放弃"了应有的权利,"降格"到了地下室里。

第二节 历史沿革:邂逅"意大利"

一、背景

天津地区位于华北平原东部,频临渤海。市区地势,东北高、西南低,属平原地带。地质为含沙黏土,且含碱质。自市区向东南到渤海口 70 公里,西到北京 130 公里,为海上进入首都之门户。天津城市聚落的早期居民点, 始于今天东北角外狮子林桥西南面沿河地区的旧三岔河口。在地理位置上,正当海河及其五大支流——白河(北运河)、永定河、大清河、子牙河和卫河(南运河)的汇合之处,其中以卫河流域最广,经济开发最早,航运兴盛,因此其流入海河的汇口河岸一带,自然形成了最初的聚落基点,加以该地区地势较高,受水患威胁较小,形成定居的有利因素。①

---

① 卢绳著.天津近代城市建筑简史(1960 年).天津文史资料(第 24 辑).天津市政协文史资料委员会编.天津:天津人民出版社,1983.

　　人类很早以前就有寻找新世界的愿望。13 世纪末,就有威尼斯人马可·波罗不远万里,历经数年的跋涉,来到中国;15 世纪初,从1405 年到 1433 年,郑和曾经 7 次下西洋。然而,到了近代,西方人探究中国的兴趣似乎有增无减,而中国却关闭了大门,但是清朝政府先后施行的海禁以及锁国政策却并没能够挡住"来访"的客人。1792 年英国马嘎尔尼使团的来访更是引发了人们对中国与西方之间的种种矛盾的揣测。

　　第一次鸦片战争之后,中国与外国签订了一系列不平等条约。1843 年,英国在上海设立了中国的第一块租界。1860 年第二次鸦片战争后,英国首先通过一纸照会:"欲永租津地一区,为建造领事官署及英商住房栈房之用。现勘得津地迤南二三里许,坐落紫竹林至下园地一方,约四顷有余,请查明津县地丁原册,立契永租,按照完纳钱粮。每地一亩,给业户租地银三十两,赔补迁移银十两。并请转咨直隶总督,商地方官办理。"①他们在距离天津城南大约 2 公里的海河岸边自行勘定了近 500 亩土地。然后在地界的四角,"用石柱四根,在地边钉作界牌,上写'大英看定地基'汉书六字。"②随后,法国和美国也先后比邻英国划定的租界强行设立了租界。"英法美租界在当时虽地处荒僻,但面临海河,背靠由京师通往海口的大道(海大道,今大沽路),在天津最繁华的城东北沿河环衢之下,扼水陆交通之咽喉,最具发展的潜势。后来,英法租界均在河岸修建了停船码头,转移了天津城市的经济重心,

①《筹办夷务始末》(咸丰朝七),第 2648~2649 页,转引自罗澍伟.近代天津城市史.北京:中国社会科学出版社,1993.136.

②《四国新档·英国档》,第 567 页,转引自刘海岩.空间与社会.天津:天津社会科学院出版社,2003.59.

并由此造成了租界的繁荣。"①

　　租界一经划定,就马上按照租者所设想的蓝图进行了规划,并且以土地拍卖的形式将租界土地出租,把收入用于修建码头和道路。利用打桩加固的方式在海河边修建了简易码头,纵贯租界铺设了平坦笔直的中街(维多利亚道)。街道两旁栽种了树木,并逐步排除了低洼地的积水,垫高了土地。最早在租界建造房屋的是传教士,他们建的房屋很小。在租界建起的第一座外观较好的大建筑是宝顺洋行(Dent Co.)天津分号。而一般的西方商人只是在租占的土地四周钉上界桩,建起一座大仓库,再盖几间临时居住的小房子。②

　　"当租界划定后却没有马上出现外侨向租界的聚居。其原因一是那里还地处荒郊,二是最初来天津的西方人,除个别官员外,多是商人和传教士,他们为了经商和传教,大都聚居在天津城内外的繁华地区。"③

　　"非我族类其心必异。"有学者认为,虽然开埠与割地是极不情愿之举,但当时清政府并不希望外国人住在自己身边,反而更"希望租界早日划定,以便使占据天津城的外国人尽快住到城外的租界中去"。④租界一经划定,天津方面就在租界附近设立公所,在海河上架设浮桥,使外国商船只能行使到租界,而不能直达天津城,从而达到"人船并聚,中外界清"。这些做法在我们今天看来似乎无异于"闭关锁国",或许这就是布尔迪厄所谓"惯习"的一种延续吧。

―――――

①罗澍伟.近代天津城市史.北京:中国社会科学出版社,1993.137.
②尚克强、刘海岩主编.天津租界社会研究.天津:天津人民出版社,1996.68.
③尚克强、刘海岩主编.天津租界社会研究.天津:天津人民出版社,1996.67~68.
④刘海岩.空间与社会.天津:天津社会科学院出版社,2003.59.

当时，天津地方士绅还专门派代表与英、法两国签订了 19 款章程，并出榜晓示，以维持地方秩序。其中规定："天津城内闲杂人等不得擅自进入租界，如果是受雇于租界的服役者，还要发给腰牌一面，以便稽查。"①

1870 年的天津教案迫使天津的西方人纷纷由老城迁入租界②。租界由此从整体上开始得到发展。

有观点认为，租界是按照欧洲城市的模式规划设计，狭长的租界被垂直交叉的道路划分成一个个方形的街区。这种方形街区不仅有利于交通，而且由于便于测量而有利于地产的买卖和城市的管理，因此这种布局模式的形成显然首先是与西方城市的充分商业化有直接关系。③但是，按照芒福德的观点，在资本主义的商业与经济利益背后，对于空间的概念也发生了变化，他指出："巴洛克思想的伟大胜利之一是组织空间，它把空间连续起来，把空间化为尺寸和等级。"④他将权力观念同资本主义对空间的组织联系起来考察，这点上他与福柯有异曲同工之处。由于各国租界并没有统一的规划，建设的速度和规模也不相同，但却有类似的风格，而且这些租界都是沿海河而建，因此就形成了一种沿河蜿蜒、相对独立的城市格局。

在日本中国驻屯军司令部于 20 世纪初编的《天津志》中对天津当时的房屋状况进行了如下叙述："天津的房屋，其建筑的材料、

①《襄理军务纪略》卷 4，《第二次鸦片战争》(1)，上海：上海人民出版社，1978 年，雪堂丛刻本，见刘海岩.空间与社会.天津：天津社会科学院出版社，2003.60.
②尚克强、刘海岩主编.天津租界社会研究.天津：天津人民出版社，1996.68.
③刘海岩.空间与社会.天津：天津社会科学院出版社，2003.60.
④[美]刘易斯·芒福德著.城市发展史——起源、演变和前景.北京：中国建筑工业出版社，2005.382.

样式以及装饰等,完全和北京相同。天津开始城市建设在燕京建城之后,但其样式却没有长进。然而,天津作为开港之地,日本、欧美的侨民很多,他们的文明先驱者的思想及行动,在此地的影响又比北京为先,这也是自然的趋势。如果仔细观察,天津也有一流的房屋。天津是商业城市,不像北京那样是中央政府官衙所在地,又因为有富裕程度的差别等各种原因,在房屋建筑方面节省的资金,作为营业上的流通资金,这是一般的常识问题。采取这种方针,天津的房屋自然比北京的房屋有一级之差。"接着又对天津租界的房屋做了说明:"在当地的各国租界地所建筑的房屋,全然与中国式的房屋不同。一言以蔽之,就是说使用中国的材料和人,建造成了西洋馆舍。不用说,其细微之处由于各自的国风的不同,而多少有一些差异。并且,为适应租界地的气候和风土,也不能不加以相当的参酌。所以,比其本国的建筑,亦不免多少有一些不同。大体上是以二层的砖房,设有木制的窗,用瓦或瓦垄铁板架设屋顶,使用灰泥建造顶棚。其式样是一种"殖民地式"或卑贱式的二者的折衷,即成为过渡的样式。在庚子事变之后,租界地的百般事业全都出现了应予刮目相看的进步。在各国租界,陆续营建了体面与实用兼而有之的大型建筑。特别是在英租界,因为是开辟最早的租界,街道及其他方面的卫生设施,整备的比较完善,建筑物也不能不说足够的宏伟壮观。这些建筑从其规模来看是不足道的,虽然不免有任何殖民地也都存在的守旧和粗杂之处,然而却可以从中了解到此地近来也有受过正式教育的建筑家的存在。"①

①《二十世纪初的天津概况》(原名《天津志》,日本中国驻屯军司令部编,1909 年日本出版发行),侯振彤译,天津市地方史志编修委员会总编室出版,1986.342~347.

天津租界更大规模的建设始于 1900 年八国联军镇压了"义和团运动"之后。而天津老城城墙的拆毁,似乎将租界与老城从空间上连接起来,但事实上,它们还是分属两个世界。

二、建设意租界

(一)序曲

为镇压"义和团运动",英、法、美、俄、德、日、意、奥八国组成联军出兵中国。1900 年 7 月 14 日,八国联军攻陷天津。7 月 22 日,联军在天津建立了殖民统治机构"管理津郡城厢内外地方事务督统衙门"(Tientsin Provisional Government),并把除租界以外的天津地区划分为 8 个区,由各国分管。①该督统衙门最初由俄、英、日三国军队司令官指定具有同等权力的三名军官组成,后来又逐渐扩大为有各国军官参加的 8 人,同年 11 月 20 日改名为"天津中国城区临时政府委员会"(Provisional Government of the District of Tientsin)。②正是在此期间,俄、意、奥三国乘机将其军队占领的地盘开辟为租界。而此前,已在天津划立有租界的英、法、德、日等国,也借机进行了不同程度的扩张。

由于有天津海关道唐绍仪与意大利公使嘎里纳(G. Gallina)签订的协议为证,一般认为天津意大利租界于 1902 年设立,到 1945 年日本投降后被正式收回。但事实上,有资料显示,1900 年 12 月 1

---

① 尚克强、刘海岩主编.天津租界社会研究.天津:天津人民出版社,1996.15.
② 罗澍伟.近代天津城市史.北京:中国社会科学出版社,1993.314.

日,意大利驻北京公使嘎里纳就已向北京外交团发出通告,内称:
"义大利①王国政府,为了有效地保护义大利的商业及船舶之利益,
在天津开设领事馆,并与既成其他外国租界同样,义国有设立租界
之必要,因此相信义国政府对中国政府将要求适当土地之租界。"
在此通告发出之后,意大利公使即命令军队占领毗邻俄租界西端,
从海河北岸至北宁铁路之间的大片土地,作为预备居留地。②此前,
意大利军队已经在这块土地设立了界桩。因此,随后尽管当时天津
河间道张莲芬、钱镕曾为意大利在此划地一事多次致函李鸿章和
意大利方面,建议另外划地,但是最后的结果仍然没有改变:1902
年(光绪二十八年)6月7日,意大利驻华公使与天津海关道唐绍仪
在天津海光寺签订了天津意租界协议,共14条,规定"租界内一切
官地,中国均行让给义国,专为永业,毋庸出价";而对于私人房地,
意租界当局"随时公平购买,由付给价值之日起限六个月腾空交
出";对于"无主之业或不知业主之业",意租界当局"出示十二个月
后仍无人投报,义国工部局可将该业充公"。租界的租金,援各国租
界先例,每年仅向中国政府交纳钱粮每亩一千文。③

　　从一张现存的清代中叶的天津老地图④上可以看出,在后来设
立了奥、意、俄租界的海河以北的那片区域,除了西南岸沿分布着
盐坨地外,东北大片地带分布着各种寺庙:关帝庙、土地庙、火神

---

①意大利过去译为义大利。
②李文新.意租界.天津租界.天津市政协文史资料研究委员会编.天津人民出版社,1986
　年,第134页。该文出自一位名叫李树荣的记者于1959年前后组织有关人员座谈的
　记录,后由天津市政协文史资料改编而成,故取名"李文新"。
③王铁崖.中外旧约章汇编(第二册).北京:生活·读书·新知三联书店,1959.150~152.
④黄志敏主编.津门保甲图说(复制本).靳铎、罗毅制图.天津:天津市南开区人民政府,
　1987.

庙、三皇庙,等等;当时,该区域已经是人口相对密集的居住区:界内沿河有坨地一百零三条,坨后即系民居,大小街巷数十条,乱后("义和团运动")房屋幸存,约有住户万家。民房后有盐坨、义地大小七、八块,约有坟冢近万之数。①

天津意大利租界建设之前的地图
Map drawn in November 1901 by the coastguard Filippo Vanzini.②

　　意大利租界的设立,使得早先"堆积如山傍海河,河东数里尽

①1901 年 5 月 13 日,张莲芬等为会堪意租界情形事禀李鸿章及李批.天津档案馆、南开大学分校档案系编.天津租界档案选编.天津人民出版社,1992.388.
②Vincenzo Fileti, La Concessione Italiana di Tien-tsin, p.13.

盐坨"的景观不再,代之以崭新的"西洋式""现代化"的面貌。

　　而要了解意大利之所以一定坚持在天津设立租界的原因,我们还需再倒叙几年。19 世纪末,中国在中日甲午战争失败后,日本以及西方列强先后得到中国割让的土地。与此同时,在中国和意大利之间发生了令人遗憾的"三门湾事件"——意大利试图租借中国浙江三门湾作为海军基地遭到拒绝,并且也未能得到其他西方国家的支持。这一事件甚至导致意大利政府改组。意大利历史学者白佐良(Giuliano Bertuccioli)援引当时中国的一些报刊关于"三门湾事件"以及其他有关意大利的报道指出,当时意大利在中国心目中的形象和位置——一个正处在深重危机中的弱小国家。[1]

　　英国布里斯托尔大学东亚研究中心的意大利籍学者马利楚(Maurizio Marinelli)在文章中不仅提到"三门湾"事件"因为没有得到英国的支持而使意大利感到深受伤害",[2]还讨论了几个非常有趣的问题,他注意到在天津意大利租界签署的文件中特意写有这样的文字:"意大利政府要求享有与其他国家所获得的有关租界地完全一样的权力。"[3]并且在 1951 年,天津的意大利租界已经正式归还中国 6 年后,一个叫 Cicchiti-Suriani 的人还在"庆祝获得租界50 周年"的文章中写道:"不幸的'三门湾'序曲,预示着 1900 年国

①[意]白佐良、马西尼.意大利与中国.萧晓玲、白玉崑译.北京:商务印书馆,2002.261.

② Marinelli,Maurizio.Imagined Communities? Contentious Representations of the Italian Concession in Tianjin(1907-1944):城市空间与人国际学术研讨会论文集(二) 天津,2006.70.

③"The Italian Government will exercise full jurisdiction in the same way established for the concessions obtained by the other foreign power."Marinelli,Maurizio.Imagined Communities? Contentious Representations of the Italian Concession in Tianjin(1907-1944):城市空间与人国际学术研讨会论文集(二) 天津,2006.69.

际事件的结局。"①从中我们可以看出当时以至后来很长时间的意大利政府是多么地重视以及渴望在天津(或者说中国)设立租界。与此同时,意大利还获得了在天津大沽港驻防等一系列的权力。意大利作为一个在欧洲政治、经济都不很强的国家,一方面,与所有殖民地经济的诉求一致,希望借助于国家边界的扩张,而赚取更多的财富;另一方面,也借此申张其政治上的一种权力。

(二)曾经租界

对于在天津设立意大利租界,早期的建设者,被西方很多文章誉为"功臣"的年轻有为的意大利中尉费雷蒂(Vincenzo Fileti)如是说:

享有租赁权的土地,既可以建设成为住宅中心,同时也是商业渗透的基础。事实上,最初在中国设立租界是缘于政治因素,但是其存在的理由却主要是出于商业上的考虑。

是为了让中国人记住,冒犯外国人的生命和财产而不受到惩罚是不可能的;这还预示着我们国家强大的未来;不设立租界而使外国人居住在中国并且拥有自己的财产是不可能的;这是给本国人民提供一个在本国法律的保护下在此进行贸易的场所,这在其他地方是不可能的,因为中国是一个有其管辖范围的主权国家;租界居民具有法人资格,因此有权参与买卖、租赁以及法律诉讼;在租界里可以设立邮局、银行、医院、饭店等等,总之,只有设立租界,外国居民才可以完全独立地生活,才可以享有在中国其他地方所不能得到

---

① "The Italian Government will exercise full jurisdiction in the same way established for the concessions obtained by the other foreign power." Marinelli, Maurizio. Imagined Communities? Contentious Representations of the Italian Concession in Tianjin(1907–1944):城市空间与人国际学术研讨会论文集(二) 天津,2006.70.

的,他们所需要的文明生活。租界所具有的一个国际性的特点是:每个人的生活和财产都受到其本国法律的保护。但是,在租界中,有些规定是居民们都要遵守的;只有这样,他们才能够获得相应的权利……租界是一个聚集地,通过这里与中国进行所有的国际贸易。①

与天津其他租界的建设方式相似,意大利租界也是通过将界内的土地进行重新丈量、规划,再出售或出租,然后用这部分所得进行基础设施的建设。对当时界内已有的住户,他们也采取了相应的政策加以缩减,1902 年天津《大公报》就有报道:"民间修理房间必须向都署请照每照限定 2 月缴销如限满工仍未竣准持原照禀明换给河东意国界归意武官自行管理请照之事须由意武官验明发给昨意武官示谕云界内民人除修理房屋照旧领照外其余空地造房从此禁止。"②就是这样,在中国,天津与遥远的意大利"邂逅"了。

原天津意大利租界地图（引自 Vincenzo Fileti, La Concessione Italiana di Tien-tsin, p.21）

租界的规划采用了福柯注意到的那种"专业"的部署,尽管进行直接操作的人并非专业人士,"费洛梯上尉一身兼任工程师、卫生专家、公用事业顾问以及行政委员、领事和一般职员。他并没有

①Fileti, Vincenzo, The italian concession n Tianjin（《天津意大利租界》）, Genova, 1921,
　《天津意大利风情区建筑与整修的历史与回顾》序言,第 18 页
②天津《大公报》(第 19 号), 1902-7-5, 第四版(本埠)

参事会的组织来协助他工作，只好尽可能地向少数意大利侨民求教，特别是现在担任海河工程局董事长的毕希翁(Pincione)先生。"[1]就意租界整体的空间格局规划而言，基本上是在先前中国人聚居时的基础上进行的，从北至南横向规划了六条马路，纵向分东、西两条贯穿整个租界区的马路：意大利租界的街道以某些现代意大利的缔造者的名字命名，这件事足以说明其创办人费洛梯上尉的爱国精神。在街道拐角的蓝底白字路牌上有一些名字是：维多利奥·厄曼努尼尔三世(Vihoria Emanuel III)，马可·波罗(Marco Polo)，埃芒诺·卡洛特(Ermanno Carlotto)，乌迪内王子(Prineipe di Udine)，维多尔·皮萨尼(Vettor Pisani)等，还有一些名字：罗马(Roma)、的里亚斯特(Trieste)与特兰托(Trento)。[2]

原意大利租界道路名称对照表

租界时期	租界收回后	现在
大马路 /CORSO VITTORIO EMANUELE III	建国道	建国道
营盘小马路 /VIA MATTEO RICCI 医院小马路 /VIA SALVAGO RAGGI	光明道	光明道
二马路 /VIA VINCENZO ROSSI	和平道	民主道
三马路 /VIA ERMANNO CARLOTTO	三民道	进步道
四马路 /VIA CONTE GALLINA	光复道	光复道
五马路 /VIA CONTE GALEAZZO CIANA	自由道	自由道
六马路 /VIA MARCHESE DI SAN GIULIANO	博爱道	博爱道
西马路 /VIA MARCO POLO	民族路	民族路
东马路 /VIA PRINCIPEDI UDINE	民生路	民生路

①雷姆森(O.D.Rasmussen)著，1924年天津法文图书馆(La Libraire Francaise)出版。许逸凡译，《天津历史资料》(10)，天津社会科学院历史研究所编(内部资料)，1981.69~70.原作者系远东《泰晤士报》驻天津记者。
②雷姆森(O.D.Rasmussen)著，1924年天津法文图书馆(La Libraire Francaise)出版。许逸凡译，《天津历史资料》(10)，天津社会科学院历史研究所编(内部资料)，1981. 69~70.原作者系远东《泰晤士报》驻天津记者。

我们直接从街道的意文名称上就可以看出，大马路是 *CORSO VITTORIO EMANUELE III*，而其余街道都是"*VIA*"，一个意大利朋友向我解释说，在意大利语中 CORSO 是指那种比较繁华的中心街道，而 *VIA* 就是一般马路的叫法。从意租界后来制定的《建筑章程》中对大马路两侧的建筑提出了特别的要求：面朝大马路(Vittorio E-manuele)的所有建筑必须建成欧式的，并只能由具备上等身份和名望的欧洲人居住，或由海关道或其他中国高级官员居住，但必须得到意大利领事的准许。这些建筑可以用作商店或其他商业用途，但必须由欧洲人经营并只能经销外国商品。[1]从随后最先在大马路上铺设了沥青路面，并且相继在其两侧建造了意大利天主教方济格会的圣心堂（1910 年）、意国兵营（1925 年）以及意大利领事馆（1930 年）等重要建筑来看，租界当局是将这条马路当作一种权力的中心来对待的。而这个中心并非意大利人的创造。我们查看租界设立之前的老地图，由于该马路直接通向去往中国老城的东浮桥（现金汤桥），已经具有相当稠密的人口、商业及文化规模，关帝庙、圣慈庵、盐官厅以及东集等都建在此地，所以该地段原本就具有重要性，意大利租界当局并没有忽视这一点，而是加以利用并发扬。然而，就如众所周知的那样，他们也没有忘记广场，广场在欧洲人尤其是意大利人生活空间中具有重要意义。他们在租界的南段东、西两个十字路口规划了两个广场，并且于 1924 年建成西侧的一个，称为 Piazza Regina Elena，由于中心的石柱顶端的铜质雕塑，中国人俗称那里为"铜人"，该叫法一直延续到后来的"文革"，那时

---

[1]中国社会科学院近代史研究所《近代史资料》编辑部编.天津租界市政章程法规选.北京：中国社会科学出版社,1998.153.

原天津意大利租界街景（引自 Vincenzo Fileti, La Concessione Italiana di Tien-tsin, p.29.）

"铜人"早已不在了。1916 年修建的"意国菜市"也在租界的南段，从而我们可以分析出，这种空间布局试图将神圣的权力与世俗的生活分列在两端，但又是统一在一起的。

事实上，就如有学者指出的那样："在天津的八国租界（美国后来退出）来看，从位置、面积及建筑活动来看，以英、法、日三国租界在政治和经济侵略上居于优势地位。如英租界占地最广，历时最长；法租界面积虽然小于英租界，但开辟的时间也最早，且租界占据河岸的长度如与其面积相较，则比例最大，这也是在商业上容易取得繁荣的有利因素；日租界开辟虽然较晚，面积也不太大，但其对中国的侵略居于列强中急先锋地位，1900 年以后除向北伸延了沿海河西岸的占地而外，并且在南边租界以外又开设了许多工厂企业，在经济上的掠夺日趋加甚……意租界在 1902 年初开辟时，系一片荒丘，地面低洼，经过垫土才渐平坦；初期租界内的意国侨民只占少量，地区偏僻，人口稀少，所以商业很不发达。"①作者一定受到资料的限制，因为不难看出在描述意租界时多引自二手材料，对此这里姑且不多讨论。但有一点重要的是意租界商业非常不发达，甚至可以说没有。唯一的商业就是 1916 年建成的"意国菜市"，

①卢绳著.天津近代城市建筑简史（1960 年）.天津文史资料（第 24 辑）.天津市政协文史资料委员会编.天津：天津人民出版社，1983.13~14.

此外还有一家杂货铺"永和祥",以及 1935 年建成的"回力球场"。应当说,并不是意租界当局不希望在当地开设商业,这从后来修建"回力球场"就可以看出来,他们也非常希望谋取最大的商业利益,但受到相当多客观条件的制约,一方面他们的政治经济实力不如英、法、日,另一方面则受制于其所处的地理位置,而且,之前由于海河沿岸多为盐坨地,海河南岸的各租界也还未大规模建设起来,尤其商业,还主要集中在天津老城,他们不曾料想到不久之后河对岸商业的发达,因此开始并没有在海河沿岸进行商业规划,从他们在广场修建的石柱铜人雕像背向海河就可以看出这一点,从他们制定的建筑章程中对大马路的各项"特殊"规定则更明显地看出他们对于"内陆"空间的重视。

很多住在租界中的人都是为了寻求某种庇护,对中国人如此,对外国人亦是如此。因为各国租界享有"治外法权",可以钻不同法规的空子,有人甚至做过如此形象地描述:"你在这里闯了多大的漏子,一旦你一只脚跨进了另外那个租界,那你就可以安心了。"抗日战争开始后,日本控制了天津,虽然他们不能去占领其他租界,但是可以封锁租界,由于意大利与日本的特殊关系,所以意租界似乎不受影响,但实际上,因为周边地区都被封锁了,而且意租界面积很小,又没有什么商业,因此依然受到了严重影响。而那时候意租界中生活的日本人也多起来,为了安全,很多大户人家把原来的大门拆了用砖砌起来,改成小门。为了避免遭到日本轰炸,住在意租界的居民们要制作并在楼顶平铺上意大利国旗,以示战机。从这种意义上来看,避难所也并非绝对的安全。

很显然,最初意租界的设立和建造无疑是要彰显其所属国家和地区的一种权力,为了实现该目标,首先要借助于中国原有的空间权力象征体系,同时他们还受制于自己本文化(意大利)的结构体系,在这两个不同的体系发生接触和相互影响的时候,其他租界也在重新构建一套结构体系,因此,对于天津的意大利租界而言,其最终的格局似乎并非是用某种特定的规则制定出来的,而是在各种成文的规则以及不成文的潜规则与现实的互动中建构出来的。

三、"小洋楼"之变

天津外国租界的收回大致分三个阶段:第一次世界大战后收回了德、奥、俄租界;30 年代收回了比租界;第二次世界大战后,正式收回了英、法、意、日租界。[①]1937 年之后,日本占领了天津,对英、法租界也实行了不同程度的封锁,但由于与意大利的特殊关系,因此意租界还存留着。

1943 年 1 月 14 日,意大利法西斯政府为了配合日本的行动,曾向汪精卫转达了意政府关于同意交还租界与撤废治外法权的电文。但是与法国一样,意政府并未表明交还天津意租界的日期。特别是因为当时由于日本封锁英、法租界,后来又接管了英租界,原设在英、法租界内的银行、钱庄等纷纷转入意租界,或者在意租界设立分支机构,使意租界一度畸形发展,融资活动空前发达,意租界当局大获其利,因此更无心轻易将租界"交还"中国。1943 年 7月,盟军在西西里登陆,意大利反法西斯力量乘机推翻了墨索里尼政府。新政权于 9 月 8 日公开向盟军无条件投降。在这种形势下,

---

①尚克强、刘海岩主编.天津租界社会研究.天津:天津人民出版社,1996.24.

"日本对意采取敌对态度",9月10日驻津日军与天津伪政府警察局长阎家琦率军警进入意租界,"一面通知该工部局停止执行职权,一面将我官警分布进行接收",对意租界实行了强权"接收"。"接收"后的意租界改为"兴亚第四区",并"参酌各兴亚区规模,组织区公所及警察分局,于本月11日分别成立"。①

1944年6月,汪精卫伪政权又与重新上台的意大利法西斯政府商定了正式交还天津意租界的协定。意大利方面表示"意大利政府对于中国自此日期始(1943年9月10日)至正式交还日期止期间内,在该地域内施政及管理措置亦具同样态度。且该已成事实,既在自愿默认。"②

1945年8月15日日本宣布无条件投降,9月2日在投降书上正式签字。同年11月24日,国民政府颁布了《接收租界及北平使馆界办法》,宣告了天津的英、法、意三国租界的正式收回。根据国民党政府行政院训令,天津市政府于同一天组成了"天津前英、法、意租界官有资产与官有义务、债务清理委员会",负责天津三国租界的清理接收事宜。时任天津市副市长的杜建时担任该委员会主任委员,甘悌任英国首席顾问,美馥瑞任法国首席顾问。清理工作自1946年12月开始到1947年5月结束。③1947年7月,又与意大利政府签订了《关于处理在华义国若干官产及义侨产业换文》,对

①《伪特别市市长王绪高为陈接管意租界事宜致华北政务委员长电稿》,1943年9月18日,天津市档案馆藏,转引自尚克强、刘海岩主编.天津租界社会研究.天津:天津人民出版社,1996.32.

②《伪中华民国国民政府代表外交部长褚民谊与意大利社会共和国代表驻华代表施毕纳列谈话记录》,1944年7月14日,天津市档案馆藏,转引自尚克强、刘海岩主编.天津租界社会研究.天津:天津人民出版社,1996.32.

③王铁崖.中外旧约章汇编(第三册).北京:生活·读书·新知三联书店,1959.1264.

意租界内财产的清理又作了一些具体规定。①

国民党天津市政府接收天津后，对全市的行政区划作了重新调整，推行保甲制，原意租界被划归了"二区"，与原奥、俄租界一起分属于一至五保。而1949年1月天津解放后，废除了保甲制，"以保建街"，建立街公所，同年6月，撤销街公所，又分别划归相应的街道派出所管辖。1952年10月民主建政，又重新建立街公所，1954年街公所改称街道办事处，原意租界属于河北区建国道街道办事处管辖。1958年8月，建国道办事处划归和平区，同时更名光复道街道办事处。1960年城市公社化，政社合一，改为光复道人民公社，并重新划归河北区。1962年政社分开，复称光复道街道办事处。"文革"时期改名"光复道街革命委员会"。1980年恢复光复道街道办事处。②而今天，它已然被称作了"意式风情区"，当然，它同时还属于河北区光复道街道办事处，也有很多人还称这里为"一宫"，还有人说是"意租界"。

国民党天津市政府接收天津后，从市政管理的需要出发，在原有的城市区域系统的基础上，对全市的行政区划作了调整。一是取消原有区划名称（如原租界的特别行政区、兴亚一、二、三、四区等称谓），把市区划分为10个行政区，并按数字排列。1946年底又增设第十一区。二是对各区范围作了较详细的界定。从各区的范围来看，基本上保留了原有的、自然形成的社区，如原日租界改为二区、英租界改为十区。

在划定区界的同时，市政府对全市主要道路名称也进行了调

---

① 尚克强、刘海岩主编.天津租界社会研究.天津:天津人民出版社,1996.35.
② 天津市河北区人民政府编.天津市河北区地名志.1987.85.

整和更定。1945 年 12 月 22 日对全市市民发布了重新规定道路名称的公告,原则上决定:老城区、河北、西头、南市等地恢复旧有街道名称;原意租界内全部路名改为含有新义的名称;原日、法租界内(除西开外)道路全部更改为各省名称;西开和原英租界特一区道路全部改为都市名称。

1946 年 3 月 3 日,根据上述原则,正式公布了全市的道路名称。从这次道路名称更改来看,主要分为三种情况:

一是恢复了部分沦陷时期以前的旧有路名,取消了日伪制定的路名。

二是制定新的道路名称,其中包括英、法、日、意四国租界的道路名称,全部进行了规定。

三是对原有道路名称作了重新调整。如原日租界内的"山口街",原法租界内的"十五、十七、十九号路"四条路,合并为张自忠路。同时把一部分"路名"改为"道名",对"道"和"路"的称谓作了统一规定。①

就原意大利租界来说,道路名称发生了几次变化,原来的二马路,先是改叫和平道,而后又改为民主道;三马路改成三民道,而后是进步道;意奥交界路先改称北安道,然后改为胜利路,现在又改回北安道。其中的建筑,特殊用途的如教堂等仍然保留原有的功能,但在名称上都做了一些改动,只是近些年进行风貌建筑保护,人们才渐渐恢复了其旧称;另外的一些建筑则改变了其原有的功能,比如原意大利兵营,后来用作天津武装警察部队驻地,而著名的回力球场则改造成天津第一工人文化宫,"一宫"也从此成为一

---

① 罗澍伟主编.近代天津城市史.北京:中国社会科学出版社,1993.747~749.

种"地标性"建筑,原来的意租界也因此"消失",大多数人并不清楚曾经存在过一个"意大利租界",但如果说"一宫",一般人都很明白;当然还有一些建筑被拆除了,也有的是因为1976年的大地震而毁坏的。所有这些建筑中, 命运最为复杂的则是各式各样的民宅,也就是俗称的"小洋楼"。

应当说中华人民共和国的成立, 公私合营以及对于工商业主的改造等,使得租界中"小洋楼"居民的结构发生了一次比较大的改变,由于有些建筑成为了单位的办公楼,有些充当了单位职工的宿舍,因此以前单独一家的住宅住进了数家乃至数十家人。"文化大革命"造成了小洋楼居民人员结构上更为严重的变动,这次运动不仅使很多小楼变成了"大杂院",而且也"砸毁"了一些"帝国主义"的遗迹。现在几乎没有什么人还能够记得原来租界广场中间石柱的模样了,而当年的花园也只剩下门口几根残破的立柱。

1976年的大地震,不仅震塌了原意租界小楼上所有的角亭,也再一次改变了其居民的结构,原来就十分拥挤的空间更加拥挤了。圣心教堂的地下室里现在还住着5户居民, 他们尽可能地利用那没有阳光的、狭小的空间,也尽可能地利用教堂周围有限的空地,也许根本无暇顾及这些空间曾经发生过什么故事。

就如冯骥才在文章里写的那样:"当年, 西方的入侵者在海河两岸无疑是要占有土地并拥有这土地上的一切。但无意间却把他们自己的文化带了进来。当然,这些美丽的建筑并不是他们好心好意地奉送给我们的。就像他们同时带来的先进的通讯、邮政、电力、铁路、自来水等,也绝非是'援建项目'。但当那一段屈辱的历史掩过,这些先进的城市设施,以及欧洲各民族的风貌建筑却意外地存留下来,并斑斓地融入了我们城市的历史。特别是这样异国风情的建筑与街区,已成为我们城市独具的一种特征。而任何历史特征都会渐渐成为一宗文化财富。就像罗马人在征服欧洲许多国家而留下的那些遗址,早已成为今天那些国家珍贵的古物和用之不竭的旅游胜地。"①

——————————

①冯骥才.海河边的意大利.郭长久主编.意式风情街.天津:百花文艺出版社,2001.5~6.

第四章

故土「他乡」

第一节 西洋景

对于外国租界地里的中国人来说，无疑是生活在一个故土之上的"他乡"里，而对于租界的"建设者们"来说亦是努力在他乡建造出一片"故土"。1900年，一位外国记者眼里的天津外国租界是这样的：笔直、宽阔、铺设整齐的维多利亚路，马路两边栽种着杨树、槐树，有用于照明用的油气灯；建筑多为漂亮的盎格鲁—撒克逊混合式。风景秀丽的维多利亚公园，专门供应欧洲商品的惠罗公司，专供欧洲人娱乐的俱乐部，供外国游客住宿的欧式旅馆，以及邮局、电报、电话、下水道等。①

而对于更多中国人来说，租界则是一道新奇的"西洋景"。1870年随曾国藩到天津查办教案的幕僚，到了天津就"一边批判津城'华夷杂处、市侩充塞，故城市全无清雅之气'，一边又相约着'游紫竹林、吃洋点心、打台球、登轮船'"。②

①[俄]德米特里·扬契维茨基.八国联军目击记.福州：福建人民出版社，1983.
②李兴锐.李兴锐日记.北京：中华书局，1987.28、31.

张焘也在《津门杂记》中写下租界的印象:街道宽平,洋房整齐,路旁树木、葱郁成林。行人蚁集蜂屯,货物如山堆垒,车驴轿马,辄夜不休。①

众所周知,18世纪清乾隆年间就修建有充满了异国情调的"圆明园"。孟悦在文章《"世界主义"景观与双重帝国边界上的都市社会》中以18世纪扬州城市空间以及19世纪之后上海的"世界主义"景观展示为例,阐发了不同于以往被"公认"的中国城市建筑的被殖民化论述。她认为:"扬州的物质文化早在18世纪就展示出对异国情调的特殊追求。"②而由于当时欧洲的建筑、绘画等技艺在清朝皇室及上层阶级文化中的流行,将其与欧洲自16世纪兴起的"中国热"相对照,不仅表明"物质文化方面的异国情调对于扬州上层阶级身份的形成很重要",同时也"与欧亚大陆另一端的资产阶级自我意识的形成有异曲同工之妙"。③而后,随着清朝政府在解决社会与经济危机所采取的一系列措施的变化,扬州逐渐式微,伴之以起的是19世纪晚期上海作为中心城市的繁荣。以上海著名的"张园"为例,孟悦指出,张鸿禄创造的欧式空间是对上层阶级的新的文化地域意识的物质化。与通常所谓的"自我殖民化"观点不同,作者认为——

张园通过进口的建筑材料,外籍建筑师、原主的外籍身份以及整体空间的设计,有意强调了其正宗的欧洲源头。甚至主要建筑物

①张焘.津门杂记.天津:天津古籍书店,1982.
②孟悦著."世界主义"景观与双重帝国边界上的都市社会.刘东主编.中国学术(总13辑).北京:商务印书馆,2003.28.
③孟悦著."世界主义"景观与双重帝国边界上的都市社会.刘东主编.中国学术(总13辑).北京:商务印书馆,2003.30.

的名称如'安恺地',都反映出一种非本土化的文化意识：张鸿禄并未把建筑的译名翻译成中国言辞所习惯的样式，而是保持了原文三个音节的译音……尽管张鸿禄身为昔日道台，后又在晚清自强运动的首要企业轮船招商局供有要职，然而他却宁愿造建一所在文化意味上无异于'他者'空间的私人府邸。张鸿禄将私人园林建造成'他者'空间的举动，揭示了一种跨越两大帝国之间乃至不同文化的区别和界限的深刻愿望。①

作者还凭借张园主人在招商局供职之身份指出，张园的空间语言反映出招商局或者不如说洋务集团这些向外扩展的渴望：它把想象的航行目的地——新旧大陆——作为寓言式的景观搬到了近旁。

而作者通过分析"安恺地"的建筑风格，说明了这所住宅的主人在象征意义上是以世界公民为自我认同对象的。这片坐落在上海的洋式空间在象征意义上既是中国又非中国，而在花园围墙之内创造的真实"西方"风景中，主体的身份在寓言意义上既是主体又是客体，即所谓的"主体间性的"（intersubjective）。张园的空间不仅使人可以自由地观赏玩味异国景观，更重要的是使人可以自由地在这个异国景观上作一番非西方的、本土的"书写"。张园主人经常在自己的西式园林里开办民俗地方娱乐活动。比如在园中设置一条苏州风格的"画舫"，邀请文人及妓女于船上宴饮歌舞，或是在异国景观中举办诸如"风筝会"之类的民间活动……如此将"西方"景观与本土"书写"并置于张园，展示张园主人作为一个行动和文

---

①孟悦著."世界主义"景观与双重帝国边界上的都市社会.刘东主编.中国学术（总 13 辑）.北京:商务印书馆,2003.44~47.

化主体参与非本土世界的梦想。

孟悦通过对中国城市空间的"世界主义"建筑景观的论述表明,自18世纪开始,自上而下,国人对于西洋建筑以及其他带有异国情调物品的主动追求,先于西方帝国主义殖民主义进入中国,而且在这些景观的展演过程中,呈现的也完全是主体的角色。作者的这一新的视角给予我们长期以来对于租界及殖民建筑的研究深刻的启发,就如同作者多次提及的,"处于不同帝国边界的交点,上海不可能只是一种历史的产物。"①对于中国一个有数千年文字历史的古老国家而言,也不应当单纯从某一个角度进行考察,更不可以以好与坏、积极与消极的二元论段来做判断,这对于曾经有过九国租界的天津更为重要。

反观天津的意租界,尽管与孟悦讨论的军事入侵之前的政治经济与社会状况不同,但我们仍然不仿做一下分析。意租界当局制定的章程中只规定必须建"欧式风格"建筑,而且仅限大马路(今建国道),并没有规定建"意大利"式样,但是,包括梁启超饮冰室在内的大量建筑倒是"主动"选择了"意大利"风格建筑,"新楼是作为父亲的书斋,由意大利建筑师白罗尼欧设计的,是一座意大利风味十足的两层半小楼。"②这与孟悦所指出的对"正宗欧洲源头"③的强调有异曲同工之处。

按照白佐良的解释,由于当时中国借由日本的开放政策,通过

---

① 孟悦著."世界主义"景观与双重帝国边界上的都市社会.刘东主编.中国学术(总13辑).北京:商务印书馆,2003.37.

② 梁思礼.天津梁启超故居回忆片段.郭长久主编.梁启超与饮冰室.天津:天津古籍出版社,2002.2.

③ 孟悦著."世界主义"景观与双重帝国边界上的都市社会.刘东主编.中国学术(总13辑).北京:商务印书馆,2003.44.

阅读日文译本的西方文学、历史和哲学著作，不仅使中国人"扩大了眼界""激发了对（西方）文学和政治的热情"，还"使一些中国人能够摆脱那些在中国继续有广泛市场的对外国人的偏见"。他认为，由于一些中国的知识分子开始注意从西方的文化和历史中汲取灵感，因此"西方的文学杰作及其历史上的英雄人物传记，被拿过来，以便从中寻求政治思想和文学典型，借以振兴中国的文化和政治"。①作者还列举了包括康有为、梁启超等一系列中国著名知识分子通过自己的言行著述表现出的对于"意大利"的热爱。由于今天已不再可能直接与这些历史人物对话，而对于梁启超之所以选择居住在天津的"意租界"并且修建"意大利风格"的住宅，我们也不好妄下结论，因为那是在一个特殊历史条件下，有很多"不得以"原因之下的选择，但那毕竟是一种自觉的选择，是有主体性在场的选择。

　　因此，我认为，无论租界中的西式建筑还是租界外的西式建筑都并不完全是一种"民族主义"的表征，也不完全如孟悦所阐述的"世界主义"的抱负，而且，在中国经历了两次鸦片战争的"洗礼"之后，这些西洋"景观"相当意义上充满"现代化"及"进步"的表征。就天津来说，北洋政府在河北区兴建"新市区"也是一个典范，借鉴西方城市规划模式以及建筑形式，希望建造一个与租界相"抗衡"的现代化的新城区。对于相当数量的居住在租界中的居民而言，在"茫然"之后，更多享受到的是"现代化"的那种优越与快感。

---

①[意]白佐良、马西尼.意大利与中国.萧晓玲、白玉崑译.北京:商务印书馆,2002.276.

第二节 中国人与洋房

　　由于租界享有治外法权,天津各国的租界不仅在街区规划、建筑式样以及居民和商店、餐馆上有一定的差别,还制定有各自的法规章程。这不仅仅出于那些来自西方的"海外赤子"对于故乡的眷恋,还是他们对于中国的某种权利的体现。一方面,就像很多文章中所谈到的,"义和团运动"之后,西方人所认定的对于中国应有的"惩罚权",另外还有一点就是"现代性"的先进对于中国传统社会的"落后"进行支配的权力。中国的城市"混乱、肮脏;街道的狭窄、嘈杂"等,一定要代之以宽阔、整齐的现代化城市面貌。在意租界1908 年公布施行的意租界《建筑章程》第一款中明确规定:

　　意大利租界的规划经由意大利政府批准,将作为意租界确定建筑方位的指南。面朝大马路(Vittorio Emanuele)的所有建筑必须建成欧式的……河坝将用来建造仓库,火车站附近土地的北半部也用于建造仓库,租界其他地区可以建造半外国式的住宅。[①]

---

①中国社会科学院近代史研究所《近代史资料》编辑部编.天津租界市政章程法规选.北京:中国社会科学出版社,1998.153.

从中不难发现，在当时意大利租界当局看来建筑是有等级的，我们再回到 1908 年的《建筑章程》，第二十四款中要求"租界内未征用土地上居住的中国居民还要遵守的规章"：

原天津意大利租界街景（引自 Vincenzo Fileti, La Concessione Italiana di Tien-tsin, p.39）

（1）所有房屋必须保持清洁，房前的道路亦应保持清洁。

（2）每所房屋门前必须置灯一盏，从日落至午夜 12 时必须点燃。

（3）未经许可不得建新的建筑或改建旧有建筑。

（4）未经许可任何人不得出卖或出租房产。

（5）日落后出行须携灯盏或灯笼。

（6）一切出生、婚嫁、死亡或传染病必须立即报告。

（7）各户必须登记，所有旅店必须备有旅客登记簿。

（8）严禁在租界地区内埋设坟墓。

（9）任何人不准拥有武器和弹药。

（10）婚礼、葬礼以及任何大型集会都必须事先得到批准。

（11）所有婚礼、葬礼或仪仗等，如若要通过租界道路者，须得到准许。

（12）各种公共娱乐活动都必须获得警方批准。

（13）任何品行不端的当地人都可能被逐出租界。

在意租界当局的眼里，过去这块土地上的中国人俨然不懂得规矩,是需要被"教化的""危险的"一类人群。

在意租界1924年颁布的章程中,虽然对居住者的身份已经没有明确限制了,但却更是事无巨细地罗列了巡捕房章程、汽车章程、胶皮车章程、公共娱乐所章程、当铺章程、菜市章程、建筑章程、新建筑章程、中国住房以及半西式之房屋章程、住宅内礼节、房地卫生之章程等,多达40多项数百条款项。①

就如福柯指出的那样,建筑具有一种权力,但其权力的实施需要与其相适应的"场",或者说在不同的"场"中其所施展的权力是不同的。建筑的权力是人为规定的,但它往往会超越其原有的规定性,就租界建筑而言,它由租界当局所规定,可以看出,当局在做出规定时已经考虑到了"场"的问题,因此1908年的《章程》中第七、第八条都分别对"华人居住区"做出了相对"宽松"的政策调整。②但是,与所有其他形式的权力类似,建筑的权力在其实施过程中会由于权力场的变动,以及权力实施对象的理解而发生改变,甚至于消解。租界在某种意义上的确如福柯所说的"世外桃源",但是不同的人对"世外桃源"有不同的理解,人们在受到建筑规则约束的同时也会以各种各样的方式加以改造,这些方式包括外观和物理空间的改变,也包括对其内部空间的使用。

广场在欧洲,尤其是意大利的城市空间中占据了非常重要的地位。天津意租界的缔造者们也没有忘记它的重要性,而且广场中心的石柱顶端还塑造了一个代表胜利的女神铜像。每逢意大利国庆的时候,租界当局都要在广场上举行阅兵仪式表示庆祝。过去就

①天津意国租界章程(未刊中文译稿),1924.
②中国社会科学院近代史研究所《近代史资料》编辑部编.天津租界市政章程法规选.北京:中国社会科学出版社,1998.154.

住在广场附近的 W
家的奶奶跟我说：
"每到那时候，大人
们就跟我们说，意
国又万寿了。有人
也会去看热闹，但
我们家规矩多，都
不去。"当地的中国

原天津意大利租界"西圆圈"广场

居民那时候也没有人称那里为广场，而是因为石柱上的铜质塑像
而称之为"铜人"，这个叫法一直沿用到了"文革"。据说原来的那个
铜人塑像手里持有一把剑，原本是一种战争时期胜利的象征。而广
场四周建有样式特别的六所别墅，那把剑正好指向其中的一所，最
有意思的是，当时传说那家经常闹鬼，所以谁都不愿意住在那里。
就这样，一个标志着民族胜利的意大利女神就这样被当地人消解
成了闹鬼的"铜人"。

今博爱道 12 号的"孟式家庙"应该属于《章程》规定的"租界其
他地区"，因此是可以修建成"半外国式"的。该建筑建于 1912 年，
平面为中式的四合院布局，是以中国传统建筑形式为主的砖木结
构建筑，但沿街立面采用了意
大利文艺复兴时期的方壁柱，
沿街的阳台也使用了西式的
铁花图案栏杆，建筑内部的很
多细部都是西式造型与中式
图案的搭配。现在很难考证房
屋主人当年采取这种看来"不

原天津意大利租界夜景

纯粹"的、中西合璧的"折中"风格的初衷,因为有《章程》为证,我们不难想象他也是"不得已而为",但在"不得已"中却也充分显示了其主体性。

H先生1912年出生在天津老城的一所大宅子里,他是我访问过的年龄最长,同时也是最早居住在原意租界的人。他们的家族在天津属于望族,是天津著名的八大家之一。1915年前后家族析产后,出于各种原因,一部分原来住在老宅里的家庭陆续迁出,搬到了租界生活。老人已经不能清楚地记得他们家搬到意租界的具体年代了,只说当时还在读小学。①老人说,当时他的二伯父(他父亲的亲兄弟)一家搬去了日租界,把自己在老宅(天津老城)的房子让给了他们,因此住房是比较宽敞的。但当时内战频繁,作为暂时的躲避,他父亲就在意租界租了一幢房子,因为没打算长住,所以连老宅的家具都没有搬去,只是临时置办了些简单的家具,还有一个亲戚因为新搬了家,有些闲置的旧家具,就一并搬去用了。但后来,总有要买房的人去他们意租界的家里看房,而那时候他们也有购买的能力,于是干脆买了下来。但那个小楼用起来并不很方便,比如,家里请客的时候,男女客人共用一个楼梯就很不方便,因此又加盖了一个两层的小楼,为的是在后面增加一个可以直接通往二楼的楼梯,这样一来,原来的楼里就有一间黑房子,成了连接加盖小楼的通道。当时自己是可以盖房子的,但是要经过租界工部局的批准,还要购买他们的建筑材料。加盖的一层是客厅,家里有请客的活动,就在这里招待男客,而女客可以从后面的楼梯直接上二

---

①H先生1918年毕业于天津私立第一蒙养园,1925年毕业于直隶第一模范小学,1931年毕业于南开学校男中部。

楼,她们都在二楼活动。他和一个年龄相仿的弟弟住在一层的一个
房间,姐妹们住在二层。但是,他们在此度过的美好生活却非常短
暂。政局的动荡加之经营不善,在 H 先生快要读完中学的时候,父
亲的生意亏损严重,频临破产,债主逼到了家门口。但因为他们住
在租界,因此债主们来讨债之前必须要向租界当局申请,所以就有
小道消息透露给他们,也由此给他们争取了些时间,以便转移一些
财产,将一些值钱的东西搬到了当时住在附近的一个亲戚家。不久
他们的房子归了债权人,他们全家四处东躲西藏了一段时间后又
搬回了老城里的老宅。后来没有多久,他父亲就去世了。

　　H 先生家前后也就在意租界居住了 6、7 年的样子,然而其间
的起伏跌宕却似乎恰巧映照了中国的那段历史。他的父亲出生于
1888 年,1913 曾经自费留学英国,在伦敦大学理财科学习。回国后
不仅接管了家族的部分产业,还兴办了一些新产业,种类与规模都
相当大。然而,也就短短十余年,竟然落得"流离失所"。老人家说,
父亲也许是受了英国的立宪思想的影响,无论如何不肯申请破
产——因为会由此丧失选举权。其父在深陷各种债务困扰的情形
下,坚决要保留自己的选举权,从而家破人亡、流离失所,这说明,
每种制度都有其生存的"土壤",不可以将它们分离开来,其父在欧
洲看到了一种"先进"的制度,但是在当时的中国它却并不适用,所
以 H 先生说,父亲过世后,他的那些叔伯们都苦笑道:"他的选举权
还有用吗? "

　　事实上,对于接受了西方"新思想""新的生活方式"的很多中
国人是很难摆脱自身原有观念的"束缚"的。H 家改建住房就是很
好的说明,其父对家宅的改建一方面是对于西方文化主体性选择
的一种体现,同时也说明人们生长于其中的所谓"母文化"所具有

的那种顽强生命力。

W 家与 H 先生家原属于一个家族，他们晚于后者，大约 1928 年前后举家迁入原意租界，直到 20 世纪 50 年代，他们一直居住在那里。很多人至今都记得，W 家大院非常漂亮，主楼是一座有廊有柱的意大利式建筑。W 家的一个奶奶告诉我，他们家的主楼一共三层，正面有环绕的阳台，每层柱子的样式都不同，楼顶还有风楼——但根据 H 先生回忆，当初他们买下这栋房子的时候只有两层，三层是自己加盖的，所以我想，那每层楼柱子的差别可能并非出于刻意的安排。他们的院子很大，前院有花园，种着好多种果树和花卉，搭有藤萝架，院门内侧东面有门房；后院有女佣们住的房子和厨房，最西北角为"祖先堂"，祖先堂坐北朝南，由于祖辈是光绪初年的进士，因此祖先堂的门楣上挂着"进士及第"的牌匾，门前有高台阶，每逢重要的日子都一定要郑重祭拜；祖先堂的下面是个半地下室，冬季做花窖用。

一层有客厅、书房、账房、客房等，而二、三层主要都是卧室，但由于家里常住的人越来越少，三层基本上空着。每层的中庭都用做堂屋，一层是大客厅，直接通着大门；二层是家里人（主要是女人）活动的空间；三层的大厅中央放着一张乒乓球台，周围都是大书架，摆放有各种珍贵的中外名著。W 家的一个女儿告诉我，在过去，家里的小孩子们都是睡在一起的，一般由奶妈带着睡在一张木板搭成的大"炕"上，但这所谓的"炕"只是形式上的，其实就是大通铺。全家只有奶奶、爷爷以及成家的儿子睡的是床。

他们家长子的婚房是个两套间，但又各自有单独通走廊的门。里间是夫妻俩的主卧室，是个局部多边形的房间，布置了一整套的"西式"家具，有大柜（立柜）、高低柜、梳妆台，房间中部靠窗摆放着双人的铁床,床脚有一个装饰用石头雕塑,是一个坐着的小人。另外还有一套沙发,写字台及与之配套的两把椅子。由于新婚夫妇成婚不久即出国留学,因此这房间长期空着。虽然在他们看来,这房子布置的特别洋气,但是却没有人愿意来住,W家奶奶笑着说:"因为这间屋的窗户对着祖先堂,大家都害怕。我不怕,所以经常是我自己睡在那里。"跟这间屋套着的外间却是另外一种风格,骑着窗户有一排前面说过的木质"大炕"(看来是给未来的孩子们准备的),炕的一侧有被格子。另外还有两把沙发椅及茶几、一个中间凹进去的大柜和中间凹进去的五斗柜。孩子们夏天通常喜欢在这里活动,因为不仅凉快,而且从这里可以看到马路对面的"四个小门"(可以看着人出出进进的,好玩儿)。

S家也是天津的大家,S姨的爷爷当年开办有规模相当的面粉厂。早前大家都住在老城里,后来可能是因为分家(现在已经说不清楚了),大概在20世纪30年代中期,S姨的爷爷就带着他的一个亲兄弟搬到了意租界,先是租住在"K家",据说S姨就出生在那里,而后大概在她1岁的时候,爷爷又带着弟弟以及儿孙迁到了光复道、民族路交口的一幢两户连排的小楼里。S姨一再说那房子是租的,不是自己家的产业。

他们住的那幢楼分南北两户,他们家住在南边,共两层,带地下室,后院还有个两层小楼,叫后楼,有厨房和仆人住的房间,院子里可以停汽车(属于工厂的资产),地下室有锅炉,但是他们搬进去的时候就是坏的,从来没有用过。这幢楼每层有三间几乎正方形的房间。早先,一层的三间分别住着爷爷奶奶、五爷五奶,还有五叔,另外还有间餐厅,有卫生间;二层分别住着S姨全家及未婚的叔叔和姑姑们,其中姑姑的房间里间还套着一个小间,里面似乎供有

"娃娃哥"（S姨说当时家里面已经接受了西方的东西，所以不迷信了，没有供佛之类的）。

看得出来，由于搬进"小洋楼"，中国人"原来"的家庭结构与空间分配关系发生了变化。比如，家庭结构缩小了，而且以往住在四合院，女人们的空间在后院，而在"小洋楼"中则通常位移到了二楼。但是，我们也不难从这种空间的安排中发现一种"近似率"，后院与二楼，都属于一种相对隐秘、安全的地带。而且，尽管"小洋楼"的建筑结构与以往中国建筑的结构不同，但通过使用者的安排，家具的选择与布置等，仍然将其"中国化"，或者"本地化"了，但"小洋楼"毕竟是外来的，还是有不一样的地方。

第三节 中式、西式与中西式

一、不对称的等级

前面提到的 W 家，与中国的很多大家庭一样，他们的家教很严，而且非常重视教育，他们祖上是开中药房的，可能是亲眼目睹了中、西医在现实中的较量，所以老太爷当时有个宏伟的设想，"送大哥去德国学医，五哥去日本学药，等他们学成回来，就开一家医院专为中国人治病。"但后因连年的战乱，大哥虽然去了德国，但却一直没有能够回来；五哥从日本学成回来，还带回了温柔贤淑的日本太太，但老太爷的计划终归没能实现。

W 家的这所房子里有两个书房，一个"中文书房"，一个"洋文书房"。两个房间相比，中文书房要大一些，摆放的是旧式的书桌、书柜和中国的古代经典书籍，主要是家里年龄较长的孩子们学习的地方；东面的小一些，叫"洋文书房"，摆放的是西式的书柜和几排课桌、课椅，还有供老师休息的沙发——据说家里曾经请过一个英语老师专门在那里给孩子们教英语,可能也有其他外语,但大家现在还记得的就只是——那是家里年幼孩子们读书的房间。孩子们还曾经在此开办过一个"图书馆",建立了目录,还发放过借书证,设立了借还书的规则,一次只可以借3本书,虽然读者只有1位,就是他们的一个亲戚家的小女孩,但他们每次都坚持要她在外面的"窗口"办理手续。这个小女孩后来成为了教授外国文学的大学教授,她说:"几乎所有的外国儿童读物,我都是那时候从他们那儿借来看的,比如儿童版的《一千零一夜》《大人国与小人国》《鲁滨逊漂流记》《爱丽丝漫游记》,等等。"

他们房子的外观虽然是"洋式"的,但室内的陈设就如我在上节描述过的那样,是"半西半中"的,这种现象在当时的天津非常普遍。

"所谓分类,是指人们把事物、事件以及有关世界的事实划分成类和种,使之各有归属,并确定它们的包含关系或排斥关系的过程……实际上,我们对事物进行分类,是要把它们安排在各个群体中,这些群体相互有别,彼此之间有一条明确的界限把它们清清楚楚地区分开来。"①分类常常被视为人类的一种本能,因为那是帮助人们认识世界的一种途径。然而正如杜尔干(E. Durkheim)和莫斯(M. Mauss)所述:"我们没有任何证据认为,我们的心灵天生就包含有整个分类基本框架的原型,而且这个原型具有完备的构造……每一种分类都包含着一套等级秩序,而对于这种等级秩序,无论是这个可感世界,还是我们心灵本身,都未曾给予我们它的原型。因此,我们必须要追问:这种等级秩序到底从哪里来? 从我们用来划

①[法]爱弥儿·涂尔干、马塞尔·莫斯著.原始分类.汲喆译.上海:上海人民出版社,2000.4.

定类别的那些术语来看，我们推测所有这些逻辑观念都具有逻辑之外的起源。"①

就建筑而言，人们常常用风格来进行分类。"风格是指艺术品形式上的特征。"②风格亦如很多学者所言，"就在一个个细节之中。"③众所周知，近代中国由于列强的入侵，使得包括建筑在内的西方强势文化进入中国，从此出现了"洋房""洋楼""洋家具"等。因此也就有了后来"北京的四合院，天津的小洋楼"的说法，那么，我们该如何界定这种"小洋楼"的风格呢？

由于S姨的姥姥家当时就住在天津的老城里，小时候，他们经常会过去老城玩儿。她说，老城即便有楼房，"也不是洋楼"，而是"青砖大瓦的中国楼"。老城通常都是四合院式的平房，一明两暗。使用的家具也不同：中国式的房间一般在堂屋里都设有条案，中间立有排位，有烛台，左右两侧还摆放有"帽筒"；卧室用的是火炕，炕上有放被褥衣物的"被阁子"（被罩），还有顶箱等；而对于租界来说，以她家为例，她父母的房间是全套的"西式"家具：席梦思的铁床，三开门、中间是镜子的立柜，写字台等。当然，这些家具"文革"时期全都被抄走了。S姨还清楚地记得，当时爷爷奶奶房间里仍然使用的是中式的家具：太师椅、条案之类的，但同时也有沙发。就卫生设施而言，中国老城更是无法与现代化的租界比较。当时的天津老城居民使用的是用草木灰一层层遮盖排泄物的"灰桶"，与南方的马桶不同，不是用水刷洗的，而是每天有专门负责"磕灰"的人来

①[法]爱弥儿·涂尔干、马塞尔·莫斯著.原始分类.汲喆译.上海：上海人民出版社，2000.8.
②"Style refers to the formal qualities of a work of art." Layton, Robert. The Anthropology of Art. 2nd ed. Cambridge: Cambridge University Press, 1991, p.150.
③[法]罗伯特·杜歇著.风格的特征.北京：生活·读书·新知三联书店，2003.

原天津意大利租界居民使用的"洋家具"

收;而住在洋楼里的居民使用的都是冲水马桶。天津缺水,中国地(即老城里)居民的生活用水都要等专门的送水车,而租界居民使用的是自来水公司的自来水。

前面提到过的 W 家,不仅有"洋文书房"和"中文书房"之分,还有中式的"大客厅"和"洋客厅"。"洋客厅"的门一般是锁着的,屋子里的窗帘通常也是拉起来的。只有家里来了重要客人才在那里招待,而平时孩子们只有在仆人打扫卫生的时候才有机会溜进去玩儿,所谓的玩儿也无非是好奇罢了:洋客厅四围摆放着西式的沙发;有一个落地的大钟;靠内墙摆放有 2 个大玻璃柜,里面陈设有玉器等精美摆件;中间是一张西式的圆桌,周围是 6 把椅子,颜色比外面大客厅的圆桌浅,桌面有一块大玻璃板。而外间的堂屋,也就是大客厅,进门右手边有衣架,是客人来了挂衣服用的,客厅正面是 6 扇大屏风,红底黑字。屏风后面是餐厅,这个餐厅是家中的男人用餐的地方,而女人一般都在后院女佣人宿舍外屋套间用餐。屏风前面是榻式的靠椅;客厅四周是中式的靠背椅,中间带有高茶几;厅的正中央是个中式的圆桌,黑色的,带 6 个圆墩子样的凳子。两个客厅都摆放有圆桌,一个是中式的,一个是西式的。我试图请他们描绘一下两个圆桌具体的差别，或许是很难用语言来描绘的缘故，他们只说颜色以及桌腿的弯曲度和造型上不同,但他们家的两代人各自的偏好:奶奶说更喜欢中式的,因为"感觉稳重,不浮躁",而稍微年轻的侄女则说还是喜欢洋客厅的家具。

从 W 家的两个书房与两个客厅的区分看，有一种与我们的常识性判断相悖的现象:如果我们认为"西式的"代表高级的话,就无法解释洋文书房的问题,相反,"洋客厅"就讲不通。因此我们不可能笼统地为"中西""土洋"的等级下结论,在不同的文化情景中,它们的等级是不同的。

从样式研究的角度来看，一般把从 19 世纪 60 年代到 20 世纪 20 年代看做中国近代建筑史中的"洋风"(折衷主义,Eclecticism)时期。在此历史时期,以模仿或照搬西洋建筑为特征的潮流居于主导地位。[①]

张复合教授曾著文指出:"以 1840 年鸦片战争为标志,中国步入了半封建半殖民地的近代社会, 以此为开端的中国近代建筑的历史进程,也由此被动地在西方建筑文化的冲击、激发与推动之下展开了。其间,一方面是中国传统建筑文化的继续,一方面是西方外来建筑文化的传播,这两种建筑活动的互相作用(碰撞、交叉和融合),就构成了中国近代建筑史的主线。

至 19 世纪末 20 世纪初,随着外国文化的大规模侵入,在中国国土上除了传统的古代建筑仍在延续、演变之外,外来的欧洲建筑样式逐渐多起来, 在中国近代的建筑历史上形成以模仿或照搬西

---

①张复合.中国近代建筑史"洋风"时期之典型.清华大学建筑学术丛书·建筑史研究论文集(1946~1996).北京:中国建筑工业出版社,1996.

汤玉麟故居

洋建筑为特征的一股潮流;20 世纪 20 年代以后,则又出现了以模仿中国古代建筑或对之改造为特征的另一股潮流。这两股潮流在中国近代建筑史中时隐时现,此起彼伏。加之 20 世纪 30 年代欧美"国际式"新建筑潮流的冲击,使中国近代建筑的历史呈现出中与西、古与今、新与旧多种体系并存、碰撞与交融的错综复杂状态。中国近代建筑正是这种多元文化下的历史见证。"①

在《风情区里的意式建筑》一文中,周祖奭先生更具体地介绍了原意大利租界中现存建筑的风格类型:一是意大利风貌建筑;二是意大利风貌与中国传统建筑相结合的建筑,三是欧洲其他国家风貌建筑。②在文中,他不仅肯定了该建筑群一定的美学价值,同时通过对一些具体建筑的介绍,比如汤玉麟、梁启超、孟养轩等人的旧居,向我们展示出,租界建筑是如何在建造者、设计师及使用者,当然也一定有殖民官员等的"通力"下而完成的。

参与"意式风情区"整修保护工程的意大利公司方面曾在文章中表示:所有建造在原意大利租界的建筑都以不同的方式讲述了

---

①张复合.中国近代建筑:多元文化下的历史见证.中华锦绣,1996,(1).
②郭长久主编.意式风情街.天津:百花文艺出版社,2001.18.

一个故事,故事有关他们的政治责任与思念远方故乡的情感之间存在的一种内在张力, 如果需要通过一种正确的方式来进行表达,或者进行"诱导",有时就需要注入一些具体的细节,借助于语言要素、材料以及中国人的帮助。对于这些建筑来说,并没有很多关于受到中国文化影响的线索,但是通过老照片,我们通常可以找到相应的反映历史的例证。原大马路(今建国道)上的一所漂亮建筑就是一个例证,一系列的塔顶,顶上有平台,角上带小塔,东方文化的影响在此鲜明地体现出来了。还有兵营,完全由红砖建造,即便不算是当地的样式,也绝对是受到了中国胡同里面那些红砖砌成的围墙的影响。在其他的一些例证当中,意大利工程师及建筑师在家具、建筑及城市设施等的设计和建造上,从当地的传统中汲取了经验,比如几何学的、一些细部的处理,还有结构等。①对比当初意大利租界的建筑章程,以及当时西方的很多评说,我们不免产生某种疑问? 建筑没有变化,那么是我们看它们的眼睛变了吗?

然而,就如荆其敏曾经著文指出的:"风格的概念就像生物学的分类归纳方法,引导建筑师探索建筑图形形象,发现其中的规律,表述建筑发展的过去、现在和未来。学者们把艺术与建筑组合在一起,合乎逻辑地创造出风格来,以近似归类的方法对待结构、装饰、构图等。建筑师无不试图建立作品的某种风格,"罗曼式""哥特式""摩登式"等,天津要有"天津式"的建筑风格……我们很难划出一条界线,什么是哥特古典建筑的原则,什么是哥特式尖拱的细部,

---

①Sirena 历史城公司主编.天津意大利风情区建筑与整修的历史与回顾.Edizioni Graffiti, 2006.23.

建筑师必然是会走出这条界线的。"①既然如此,那人们又是如何划分这种边界,也就是建筑的风格呢?

　　对于中国城市近代殖民时期建筑来说,还有一条特殊的"边界"——铭刻在国人心中的那段历史的情感,对此梁思成先生曾经深恶痛绝地指出:"中国建筑在形体上到此已开始呈现庞杂混乱的现象,且已是崇外思想在建筑上表现出来的先声……到了鸦片战争以后,帝国主义武力侵略各口岸城市、产生买办阶级的媚外崇洋思想和民族自卑心理的时期,英美各国是以蛮横的态度,在我们祖国土地建造适于他们生活习惯的和殖民地化文明的房屋的。"②此刻,梁先生对于不中不西式样之"不纯粹"的厌恶已经转化为对于"殖民式样"的憎恶。

　　在此我无意探讨这种"民族意识"的起源问题,只想借用安德森的定义,"遵循着人类学的精神,我主张对民族作如下的界定:它是一种想象的政治共同体——并且,它是被想象为本质上有限的,同时也享有主权的共同体。"他继而指出:"民族被想象为有限的,因为即使是最大的民族,就算他们或许涵盖了十亿个活生生的人,他们的边界,纵然是可变的,也还是有限的。没有任何一个民族会把自己想象为等同于全人类。"③也正是基于这种想象,我们不仅建构了我们自己,也建构了"他者"。但是在不同文化发生碰撞,相互之间出现某种融合的时候,比如说中国的"洋房""洋楼",它们既属于西方又不属于西方,既是我们的又不是我们的。这时,就需要借

①荆其敏.租界城市天津的过去、现在及未来.新建筑,1999.5~6.
②梁思成著.梁思成全集(第五卷).北京:中国建筑工业出版社,2001.16~167.
③[美]本尼迪克特·安德森著.想象的共同体:民族主义的起源与散布.吴叡人译.上海:上
　海人民出版社,2005.6~7.

助于其他的原则——话语的原则,将它们定位。也因此在不同历史话语的分类和引导下,一个物理的空间具有了多重的意义,这些意义有时甚至是相悖的。

二、"夷夏"之辨

鲁迅说过,"中国人对于异族,历来只有两样称呼:一样是禽兽,一样是圣上。从没有称他朋友,说他也同我们一样的。"①

"夷夏"是中国历史上对于本族与他族的划分。然而当乾隆的怀柔政策在遭遇到马嘎尔尼使团或者说马嘎尔尼遭遇到中国的怀柔政策时,夷夏之间似乎发生了些微妙的颤动,从此也出现了诸如"洋人的膝盖不能打弯的传言"。有观点认为,"鸦片战争之前,中国对外关系的格局是两个系统并立,一个是亚洲诸国,一个是欧美诸国,两者互不相关。区别不仅在于地理空间上的,而且各自与中国的关系在实质上也不同。中国与亚洲间是一种'朝贡'关系,彼此按定制、定式进行官方交往,是真正意义上的有来有往,这是中国对外关系的一种传统的体制,在历史上早已定型,在运行中很少有什么波澜或变动,而双方的交往基本上局限在高层封建统治者之间,与百姓之间很少关联,一般只在于维系已有的联系,而不是发展新的关系。这种对外关系体制,是中国封建统治者往往把世界一切国家都视为属国,明末以来葡、荷、俄、英等国派使来华,都被当作贡使,就是这个原因。但不论是从海疆来的西欧、北欧、北美诸国,或者是从陆路来的俄国,都完全在上述"朝贡体系"之外,另成为一个

---

①鲁迅.热风.北京:人民文学出版社,1973.39.

系统。他们到中国来,都出于对外扩张的需要,中国成为它们扩张的对象。他们极力想进入中国,有些来华使节也试图照贡使的礼制行事,从而实现进入的目的,但最终因他们自有一套文化逻辑与国家外交准则,而同中国的摩擦越来越多。在对中国的关系中,他们居于主动,有的带有侵略性。这是一种有来无往的关系,中国人一般不主动去,只是对它们各方面的冲击做出反应。当时中国的国力还强盛,能够有效地抗阻它们的武力侵犯,打退它们的侵略,维护自己的领土完整。自 18 世纪中叶起,清政府实行闭关政策,有限制地允许它们的人民(主要是商人、教士等)入境,严格加以管理,但不与它们发展官方关系,不承认他们派驻广州的代表(领事、商务监督等)的官方身份,不与这些人打交道,不与它们建立国交。这个政策抑制了欧美各国在华扩张势力,保持了自己的完全独立以及与世隔绝。"①

　　而等到 1840 年鸦片战争的炮火笼罩了中华帝国的时候,国人对于作为夷之西方与夏之我族的认同受到了冲击和挑战。有学者认为,传统中国文化缺乏民族认同意识,而仅有文化认同意识,即认同某种普遍主义(universalistic)的道德与价值观。②那么,我们是否可以认为西方的枪炮伴随着西方的思想打造出了中华民族的民族意识呢? 这种民族意识又是以什么样的姿态? 存留在哪些层面上呢?

　　杜赞奇在《从民族国家拯救历史》一书的开篇写道:"现代社会的历史意识无可争辩地为民族国家所支配。然而,尽管历史总

---

①张振鹍.中国近代史开端与近代中外关系.中国社会科学院研究生院学报,1995,(1):6.
②[美]本杰明·史华兹.寻求富强:严复与西方. 叶凤美译.南京:江苏人民出版社,1990.

是属于某个民族,民族本身却是颇有争议的现象。一个民族内的政权、政治家以及普通百姓并不总是能对本民族应该做什么或意味着什么达成共识。无怪乎研究民族主义的学者对'民族''民族国家'及'民族主义'等词语的界定感到非常为难。自从 1882 年厄内斯特·冉南发表题为《什么是民族主义》的演讲之后,学者纷纷试图给这些概念下定义。路易斯·斯尼德为澄清民族主义而撰写了一篇长达208 页的定义。如果存在于历史中的事物真的不能界定,那么,民族在历史中寻求最终归宿,就显得十分滑稽。当然,尤其奇特的是,我们仍然很难撰写出不属于当代任何一个民族的历史。"①尽管这段看似矛盾的话语希望表达的是关于书写历史的问题,但我以为其重要性在于启发了人们看待历史以及民族的一种思路。

以 18 世纪中叶为分水岭,中西方文化之间的地位似乎发生了一种逆转。此前,大量西方人撰文著书显示出对东方文化或中华文化的崇尚。然而,从 18 世纪中后期开始,出现了强烈反对中国文化的倾向,伴随孟德斯鸠和大卫·休谟对中国政治制度等方面的批判,最终发展成为对中国的一种全盘否定。有观点认为,这是由于西方现代资产阶级对意识形态以及自身文化权力的重建所导致。何伟亚(James L. Hevia)曾经指出,英国资产阶级上层是以英国的民族性格、民族文化和"纯正"的古希腊、罗马传统来反对和否定"中国热"以及清朝帝国形象的②。

---

① [美]杜赞奇.从民族国家拯救历史:民族主义话语与中国现代史研究.王宪明译.北京:社会科学文献出版社,2003.1.

② 何伟亚. Cherishing men from afar:Qing guest ritual and the Macartney Embassy of 1793/James L. Hevia. p57~83.

　　而对于中国来说,自 19 世纪中叶起,儒家思想的传统范式由
于无法解释、应付随着西方入侵而产生的严重的民族与社会危机,
逐步受到怀疑、挑战、乃至根本否定。中国知识界从 19 世纪后半期
开始从西方文化中寻求新办法,这其中,知识分子充当了中坚,严
复将达尔文主义介绍到中国,强调"物竞天择、适者生存",试图用
亡国灭种的现实危险警示国人,唤起国人的民族意识,从而变法图
存,实现富强,拯救国家。但就如有些学者指出的那样,"严复在讨
论达尔文物竞天择、适者生存的观念时,将传统儒家学说中的道德
主义塞进达尔文的理论中。"①

　　1861 年 1 月,总理各国事务衙门成立,标志着"洋务运动"的开
始。而总理衙门最初的名称是"抚夷局"。就此,有学者指出:名称的
变换,反映了天朝大国观念遭到打击而动摇的事实。所以,它有被
迫适应外国资本主义需要的一面, 并因之而带上半殖民地化的印
记。当其时,君臣朝野之间,往往视之为不祥之物,士大夫顾清议者
多耻预其选。这种心理,反映了传统中国人忍辱含垢的感受。其中
既有千年闭塞留下的惯性,也有重创之后的民族苦痛。因此,总理
衙门从一开始,就被视为一种临时性的机构:"俟军务肃清,外国事
务较简,即行裁撤,仍归军机处办理,以符旧制。"终晚清之世,国史
馆于大臣出任军机处、内阁、部院、疆吏者皆立年表,而于任事于总
理衙门之人,则独无年表。②这也就表明,当时晚清政府是出于怎样
的一种无奈与"夷狄"往来。究其原因,孙隆基在《中国文化的深层

---

①李强.严复与中国近代思想的转型——兼评史华兹《寻求富强:严复与西方》.中国书评
　　(第 9 期),1996,(2).
②陈旭麓.近代中国社会的新陈代谢.上海:上海社会科学院出版社,2006.115~116.

结构》中指出正是中国人具有的那种"锁国心态"导致了一项"里通外国"的罪名，所以"没有人愿意去与带菌的'鬼'接触，只有一些倒霉鬼奉令去执行公务，到了民族主义运动兴起时，又拿他们当作开刀的对象。因此，在鸦片战争以后，清廷没有人肯出国办外交也就不足为奇了。"①

正是这样长期羁绊着广大国人的既"崇洋"又"蔑洋"的矛盾心理导致了近代中国社会的种种矛盾。孙隆基认为，近代中国的"租界"正是"锁国"心态下设立的"夷夏之防"的一种变化形式：在中方操主权的"朝贡体制"底下，"夷"与"夏"之间固然是划了一道不可逾越的鸿沟，到了中国受制于人的情形下，这道鸿沟却没有因之而消失，只不过是换了一个形式，那就是由中国当局遵照这些洋人的要求，划地为界，拨给他们作"租界"。②

美国学者陈小媚(Chen Xiaomei)在《西方主义：后毛中国的一个反话语理论》(Occidentalism：Theory of Counter-Discourse in Post-Mao China)中提出了"西方主义"这一术语。她指出，20世纪70、80年代对于西方话语的借用深深影响了中国的当代文化。③与她的观点不尽相同，我认为，中国的"西化(westernization)"以及对于西方话语的借用绝不是生发于当代改革开放之后的事情，所谓的"全盘西化"也早在20世纪20年代就已经由胡适、陈序经等人公开提出。④自1840年鸦片战争以来，中西的关系问题就突出的表

————————————

①[美]孙隆基.中国文化的深层结构.桂林：广西师范大学出版社,2004.385.
②[美]孙隆基.中国文化的深层结构.桂林：广西师范大学出版社,2004.377.
③Chen xiaomei. Occidentalism：Theory of Counter-Discourse in Post-Mao China. 2002.
④龚书铎著.中国近代文化探索.北京：北京师范大学出版社,1997.77.

现出来。首先是要不要学西方的问题,其次是学西方什么的问题。而 1919 年"五四运动"之后,随着马克思主义思想的传入,对中与西问题的讨论则出现了新的方向。通过近代中西方之间文化的"交流"(相当程度上是不平等的交流)、对抗以及融合,中国从自然景观、科学技术到文化艺术和生活方式等诸多方面不仅建构出了一个自己的"西方主义",也建构出了一种现代性的目标。就像萨义德所坚持的那样,东、西方"两个地理实体实际上是相互支持并且在一定程度上相互反映对方的"①,不同的文化形式中会形成不同的自我观念,格尔茨在《地方性知识》中通过对爪哇人、巴厘人以及摩洛哥人自我观念的分析已经向我们表明这一点。②对于中国人来说,自古有所谓"夷夏"的分别。但是究竟"夷夏"的边界在哪里? 却是另外一个问题。就近代中西方从军事、政治、经济及文化等社会各个层面的接触、对抗与融合而言,中国与西方,以及中西合璧的概念处在一种不断的变化过程中。我们不断地从"他者"当中辨识"自我",同时也在"自我"当中建构着"他者"。

　　就天津而言,历史上曾经是"义和团运动"最激烈的战场,同时也曾是中国租界最多的城市,甚至到了今天,人们提到天津通常想起的城市风貌是它的"小洋楼",而且有相当多的人将"小洋楼"认知为天津"本来"的面貌。风格与边界本是人为设立,也为人所改变,城市的面貌亦不例外。

---

①[美]爱德华·W·萨义德著.东方学.王宇根译.北京:生活·读书·新知三联书店,1999.7.
②[美]克利福德·吉尔兹著.地方性知识——阐释人类学论文集.王海龙等译.北京:中央编
　译出版社,2000.

三、现代与传统

现代,是一个时间概念,从其诞生之时起就与传统相对立,然而正如吉登斯所言,"现代性在其发展历史的大部分时期里,一方面它在消解传统,另一方面,它又在不断重建传统。"①现代从来都不可能与传统割裂,而传统也从来都是一种"现在时"。

究其社会文化人类学意义,无论"现代""现代化"还是"现代性"等概念仍然都还含混不清。近代中国被帝国列强的炮火打开国门,现代化就成为数代国人所追求的理想。而至于何为现代化?这是一个在当代受到广泛质疑的问题。在近代中国,现代化在某种程度上似乎等同于"洋化",而这个"洋化"则又包括来自"西洋"和"东洋"两个层面的影响。以"洋务运动"为开端,首先从模仿西洋与东洋的军事工业开始,到后来民用工业的建立;从西方教育模式的引入,到派遣留学生出国深造。此间,对于中西的区分与争论从未停止。在很多人的观念里,洋务运动是一种"用夷变夏"的行为,有悖于正道;而另外一些人则主张"中体西用""以夷制夷";当然也有甚者,希望"全盘西化",完全否定中国文化传统。

加拿大学者泰勒(Charles Taylor)在《自我的根源:现代认同的形成》中通过对西方个人、个体、主观等一系列概念的分析和思考,阐明了一种"现代性"的观点,他指出,现代性看似一种欧洲的传统,事实上却蕴含着非常复杂的文化内容。现代性并非一种放之

①[德]乌尔里希·贝克等著.自反性现代化.赵文书译.北京:商务印书馆,2001.72.

四海而皆准的标准,当它接触到不同的文化,就会产生不同的"现代性"。①汉字"洋"本身就有一种"现代性"的意味。随便翻阅一本汉语字典,找到"洋"字的解释:1)比海更大的水域;2)广大;3)外国的;4)现代化的;5)洋钱,银元。②因此就城市空间规划和建筑而言,对于带着西方元素的"洋楼"的推崇,最初是一种"异国情调"把玩,而后则更多的是对西方城市规划与建筑之现代性的肯定,并将其作为社会进步的标准加以效仿,当然,其中不乏那种等级观念的作祟。

民国时期《申报》就曾刊登有"住宅洋房出售"的广告:

君欲购置值元六万两之堂皇富丽住宅乎?敝公司刻有一所,坐落法租界最适宜之住宅区内,临近法国公园,适在马路转角处,面南背北。业主为求舒适起见,曾在屋内装有一切新式设备,并有冷气机及热气管,可以自由调剂屋内温度。屋内之花园,系由横滨植木株式会社承造,雅致异常,大小适宜,并有暖室花房。该屋之楼下,有餐室、会客室、读书室、大堂、砖造伙食房、备有自来火灶之厨房、用人餐室、用人厨房、面临马路之汽车间。汽车间楼上,复有汽车夫及眷属之住所。该屋楼上有卧室五间、浴室两间,内装有冲洗器及一切新式设备,并有新式厕所,冷热水管,装有窗门之洋台,玻璃屋顶之妇女化装室及极大之用人住所。屋之全部均装有筑纹窗。上述售价实较造价低廉,如欲抵押可以抵借四万两,诚为不可多得之良机。欲购置舒适优美住宅者,请即惠临参观,幸勿失之交臂。③

①[加]查尔斯·泰勒著.自我的根源:现代认同的形成.韩震等译.南京:译林出版社,2001.
②新华字典(1998年修订本).北京:商务印书馆,1998.
③《申报》1928年7月4日.转引自周伟主编.时代印记——穿行于中国百年报刊之林丛书(第三卷:变迁).北京:光明日报出版社,2002.51.

　　我们从中不难发现,虽然是"洋房",但是"面南背北","花园系横滨植木株式会社承造","新式"设备一应俱全,这分明是一种"全球化"住宅的代表。

　　当时,在中国很多大城市中租界以外的地区也纷纷建起的所谓的"洋房",这一方面出于代表国家的政府官员们的意向与决策,另外一方面是因为我们的建筑师们所受的教育均来自西方的、先进的建筑科学。与此同时,相当多深受西方现代思潮影响的建筑师们也强烈地意识到了建筑的民族性问题,梁思成就是其中一个鲜明代表。他是国内最早致力于中国古建筑研究测绘保护工作的学者之一。他以西方建筑学范式构建出了一套中国建筑史论,试图证明中国传统建筑足以与西方建筑相抗衡的逻辑。但他在强调中国传统建筑文化精髓的同时,对中国的近现代建筑却生发出了强烈的抵触情绪,原因是"自清末季,外侮凌夷,民气沮丧,国人鄙视国粹,万事以洋式为尚,其影响遂立即反映于建筑。凡公、私营造,莫不趋向洋式。然哉当时外人之执营造业者率多匠商之流,对于其自身文化鲜有认识,曾经建筑艺术训练者更乏其人。故清末之洋式之术如实先见其渣滓。然数十年间正式之建筑师亦渐创造于上海租界,洎乎后代,略有佳作"。[1]对于中国的近代建筑来说,由于以西方列强的军事和武力入侵为先导,进而受到西方政治、经济及文化的冲击,这是一个历史事实,而且正如普拉特所指出的,是在一个相互不平等的平台上发生的碰撞,但是我们应当看到的是,姑且不论国人当时是主动拥抱还是被迫接受那种冲击,在很大程度上,那些"洋"建筑是被赋予了一种社会进步以及现代化象征的,也就是说抛开传统中国文化

---

①梁思成.梁思成全集(第四卷).北京:中国建筑工业出版社,2001.215.

孟养轩旧宅

要素的所谓民族性,"洋"式是在某种层面上具有了一种现代意义,它意味着与传统自我的决裂,对社会进步的追求。

1987 年至 1988 年,中国近代建筑史研究会对天津近代建筑进行了为期一年的调研工作,对当时尚存的 240 幢房屋进行了调查登记。周祖奭先生在《天津近代建筑史略》中以 1900 年为分水岭对天津的租界建筑进行了归纳。认为天津租界的大规模建筑活动自1900 年开始,"由于当时的建筑师有英国人、法国人、意大利人、瑞士人、奥地利人、日本人,还有从英、美、意以及香港学习建筑学后回国的华人建筑师,所建造的建筑外形反映了各国建筑设计思潮的影响。有当时在欧美盛行的古典复兴思潮、浪漫主义思潮、折衷主义思潮的影响。折衷主义思潮在天津的反映最为强烈,在装饰上甚至融合有中国传统建筑的影响。尤其到 1930 年以后,欧美探求新建筑运动影响到天津,过去热衷于古典复兴、折衷主义的外国建筑师,由于钢筋混凝土的推广,在建筑思潮上亦趋向探新,建筑外形趋向简洁。有些受新艺术运动的影响,用模仿自然的曲线集中装饰;有些则完全没有装饰,以建筑形体自身的美为美,强调建筑比例、墙面与窗子的关系。"①

---

①周祖奭等编.中国近代建筑总览(天津篇).中国近代史研究会,1989.9~14.

　　我们从中不难看出，一方面，这些建筑并非一味地模仿西方——当然它也必定是一种模仿，同时在设计中也融入了相当的中国元素。尽管有种种条款的限制，但事实上对于所谓"风格"或"样式"是很难控制的。以天津原意租界的建筑为例，位于博爱道12号的原天津谦祥益孟家住宅就是一所中西合璧的作品：该宅建于1912年，初为孟氏家庙，孟养轩本人也曾居于此，还作绸布店仓库用。三层砖木结构，东、西厢房均为二层，面宽五开间。平面为四合院布局，层高比一般四合院高。该宅建筑形式基本上是中国传统建筑形式，但受西方建筑文化的影响，沿街立面用意大利文艺复兴时期的方壁柱，檐口下有齿饰，有带柱墩的女儿墙。沿街阳台栏杆做成铁花图案，是受欧洲新艺术运动的影响。后面的四合院用青砖、青瓦构建，但廊子里的栏杆与楣子细部却是西洋的，花牙子又是中国的。所有门窗上都用半圆形拱券或弧形拱券，这在中国传统住宅上也是少见的。门窗棂的分隔又是西洋的。①

　　夏铸九曾经就台湾经验提出一个殖民的现代性（colonial modernity）的问题，指出殖民的现代性是一种"主体缺席的现代化建设过程"。②在天津的个案中，很多方面的确反映出了他所指出的那种"主体缺失"的建设，比如租界的规划和基础设施的建设，以及对于租界建设与管理所设立的种种条例等，虽然各租界的工部局多少都会设有华人董事，但事实上，由于当时的国人面对的现代性是属于"他者"的，自身完全处在一种被动接受开化的状态。然而，

①周祖奭.中西合璧两建筑.郭长久主编.意式街风情.天津:百花文艺出版社,2001.22.
②夏铸九.殖民的现代性营造——重写日本殖民时期台湾建筑与城市的历史.http://www.bbtpress.com/homepagebook/476/sy10.htm

与此同时,仍然有一种"对抗"的力量潜伏着,这也许并非是有意识的反抗,很大程度上或许是因为传统文化的惯性,所以,一方面我们在那些"小洋楼"身上看到了种种中国文化的影子,另一方面,也体现了国人对于现代化的那种追求。以天津为例,1900年后,袁世凯推行"新政":在今河北区修建火车北站(新车站),并拟用作总站,并且开辟出大经路直抵车站;还以大经路为纵轴,横着开辟了天、地、元、黄、宇、宙、日、月、辰、宿、律、吕等纬路;"大兴工艺",创立直隶工艺总局,建立了北洋铁工厂、教育品制造所和实习工厂等,还设立了劝工陈列所来提倡事业;兴办了几所高等学堂和女学堂,如北洋法政学堂、直隶高等工业学堂和北洋高等女学堂等。[①]但这些举措是否如夏铸九所言,"令被殖民者最难堪的事实就是,被殖民者身上,由于模仿过程,欠缺主体对自身之反身性自觉,竟然继续复制了原先它的对立面。"[②]我以为还需更深入地探讨。

1966年6月1日,《人民日报》发表社论《横扫一切牛鬼蛇神》,首次明确提出:要年底破除几千年来一切剥削阶级所造成的毒害人民的旧思想、旧文化、旧风俗、旧习惯。[③]之前,1966年5月16日,中共中央下达的关于"文化革命"的通知(简称《五·一六通知》),以反对"封建主义""资本主义""修正主义"的名义,清算排斥外来文化、摧毁古代文化。西方的叫"资",古代的叫"封",共产党国家的叫"修"——前苏联是"苏修",蒙古是"蒙修",朝鲜是"朝修"等,对他

①卢绳.天津近代城市建筑简史(1960).天津文史资料(第24辑).天津市政协文史资料委员会编.天津:天津人民出版社,1983.
②夏铸九.殖民的现代性营造——重写日本殖民时期台湾建筑与城市的历史,http://www.bbtpress.com/homepagebook/476/sy10.htm
③《人民日报》,1966-6-1.

们要实行"文化专政"。①而后则用一个"旧"字代替了"封、资、修"，但至于"四旧"具体指哪些东西却也没有明确的规定。因此造成混乱，但主要对象是旧书、旧家具、字画以及与宗教相关的一切（包括寺庙、教堂、佛像、雕塑等），还有就是象征着"资本主义"的东西——香水、尖头皮鞋、窄腿裤、时髦的发型等。在一种"革命话语"的引领之下，所有"旧社会"遗留下来的东西都要"破掉"。在天津、上海等曾经经历过西方文化"洗礼"的城市，虽然"西方"曾经代表着现代和进步，然而那更是资本主义的，而按照马克思主义的观点，社会主义是人类社会发展的更高阶段，中国正是那种处在更高阶段的社会，自然要抛弃"传统"，抛弃"过去"。因此，当时除了一些教堂被毁坏的比较严重外，租界时期遗留下来的"洋式"建筑基本上都保留下来了，但是通常也要"旧貌换新颜"，建筑外观带有象征意味的装饰是一定要被拆除或抹掉的；街道马路一定是改过名字的；而大量的公用建筑早在 1949 年后就改变了职能、服务对象和名称；对于私人民宅而言，里面的居住者是一定要换掉的。历史的空间是通过职能的转化、使用者的身份以及名称而发生变化的，空间的历史也正是被这种变化而建构的。

---

①丁抒.几多文物付之一炬——1966 年"破四旧"简记，http://www.cnd.org/CR/ZK00/cr79.hz8.html#1

第五章

搬家

应当说从租界设立伊始到目前的"风貌建筑"保护整修，这100年间，"租界"里的住户总是不停地搬出搬进。最初是租界的设立以及开发建设；而后是民国乃至抗日战争期间，接连不断的社会政治动荡，期间还有1917年和1939年的水灾；再后来是解放战争，接下来到1949年中华人民共和国的建立；1966~1976年的"文化大革命"更是天翻地覆；而1976年7月底的那场大地震又再一次震乱了人们的居所；随着后来的震后重建，拆旧建新，人们的居住格局进行了新的调整；随着城市经济的发展，越来越多的人们开始关注历史，开始发掘历史的文化与经济价值，于是旧城、老房子的保护被提到了日程当中，居住在破旧不堪的"文化遗产"中的人们又一次陷入了搬家的困境。

第一节 生活在租界

一、"天堂"的降落

　　"刮去重写"（palimpsest）是借用台湾学者夏铸九讨论台湾殖民空间问题使用的概念，意指当年日本殖民时期将前殖民建筑改建成为具有殖民象征空间，以期重建一种历史的过程。对于中国的租界来说，也相类似，包括前面提到过的包括中国学者（不论出于什么客观原因）在内，人们在叙述前租界时所使用的语汇"意租界在1902年初开辟时，系一片荒丘，地面低洼，经过垫土才渐平坦"。对于殖民空间来说，在被殖民改建的同时，也意味着原有包括居住者在内的历史的消失。

　　与早先的英、法将租界设在人口较少的郊外有所不同，意大利（还有俄、奥）租界设立相对较晚，他们所划定的区域早已形成人口密集的社区，界内沿河有坨地一百零三条，坨后即系民居，大小街巷数十条，乱后（"义和团运动"）房屋幸存，约有住户万家。民房后

有盐坨、义地大小七、八块，约有坟冢近万之数。①因此，在租界开始
进行开发建设时起，当地居民所面临的最大问题就是"搬家"。原先
在那片土地上居住的人们要搬离原有的家园，而"新建"的租界进
行重新规划、出售、出租，又不断有新的居民迁入。

自租界在中国设立，由于"治外法权"等所形成的各自为政局
面，就出现了一种"国中之国"的特殊景观。在早年日本人编写的一
本《天津志》中有如下文字：在各国租界里，有不少的中国人杂居。
在英、法租界那样设施完善的租界里，中国人杂居的较少；日租界
对中国人的居住颇为宽容，使之安心建筑房屋，并继续经营各种营
业，所以中国人杂居的很多；意、奥、俄、比、德各国租界，在其租界
的经营还未完善的地域，还有许多原先住在这里尚未迁走的中国
人。根据文中提供的数据显示（1906 年秋的调查），当时的意租界有
外国居民 26 户，251 人；中国人 1614 户，12419 人。②

尽管由于各种宣传，我们中大多数人提到租界就立刻联想到
"华人与狗不得入内"，而实际上，"对租界住宅影响最大的实际上
是华人"。③天津各租界居民结构的形成过程不尽相同，大致可分为
三种情况：一是英、法、美、德租界，原本地处荒郊，人烟数落，仅在
靠近海河岸边，有紫竹林、段家庄、碾盘庄、梁家园等居民不多的村
落，在租界划定后曾强制当地居民迁出，后来又逐渐容许中国人在
租界内居住；二是日、俄、意、比租界，界内原有芦庄子、马家口、季

①张莲芬等为会堪意租界情形事禀李鸿章及李批.天津档案馆、南开大学分校档案系编.
天津租界档案选编.天津人民出版社，1992.388.
②二十世纪初的天津概况（原名《天津志》日本中国驻屯军司令部编，1909 年日本出版发
行）侯振彤译.天津市地方史志编修委员会总编室出版，1986.18.
③尚克强、刘海岩主编.天津租界社会研究.天津：天津人民出版社，1996.59.

家楼、李公楼、大王庄、小王庄、唐家口、田庄、大直沽、小孙庄等若干村落，各租界当局未采取全面驱赶中国居民的举动，因此从租界开辟之初就形成中外人群混居的格局；三是奥租界，与城厢仅一河之隔，居民比较稠密，而迁入的外国人数甚少，中国人遂成为租界内的主要居民。①

　　尽管如此，与当时其他租界的情况相似，意大利租界中居住的外国侨民数量也大大少于中国人。据宣统三年(1911年)租界人口统计，在意大利租界居住的5608位居民当中仅有意大利侨民251人，另外有其他国家侨民9人。②

　　天津租界并非是因为外国人居住其中而形成的。"在天津，租界人口结构的改变是以1900年的'义和团运动'为转折点。"③"从总人数来看，1906—1910年间，各国租界华人共减少了将近1.8万人，其中以意、奥租界减少最多。究其原因，迁出租界的华人大都是租界地区原有居民，多数属于社会下层。随着租界逐步建设成新型住宅区，西方式的法制管理不断强化，他们已经没有能力在租界中居住下去，一旦租界当局征用他们所栖身的土地，他们就只有从租界迁出……华人迁出后有的迁往老城区，但相当一部分下层华人不得不迁到租界以外的边缘地区，以至在奥、意、俄、德、英等租界以外，都形成了新的'棚户区'。"④

　　就像租界的设立改造了中国城市的建筑景观那样，它也改变

①杨大辛编著.天津的九国租界.天津：天津古籍出版社,2004.46.
②天津档案馆、南开大学分校档案系编.天津租界档案选编.天津：天津人民出版社,1992.
③尚克强、刘海岩主编.天津租界社会研究.天津：天津人民出版社,1996.157.
④尚克强、刘海岩主编.天津租界社会研究.天津：天津人民出版社.1996.174~175.

了城市居民的面貌。在此后的日子里，这片区域"永远"成为了历史上的一个富人区，"贵族租界"。

二、各种各样的"贵族"

由于外国租界在中国享有"治外法权"，这就使得租界在某种意义上象征着一个"安全岛"，在近代动荡的中国，相当多的人出于各种原因选择住在租界，寻求它的庇护。

1911年辛亥革命、1917年张勋复辟以及1922年和1924年的两次直奉战争，致使大批中国下野的政界人士以及清朝遗老们迁入天津的租界。张勋复辟后，黄郛的夫人携子女到天津避难，在其夫人的回忆录《天津三年》中写道："这时由北京逃难到津的人甚拥挤，屋极难得。一日我居然在意租界二马路看到一排出租房屋，是两楼两底半独立小洋房，门前有小小空地，后面厨房，楼上亦有两间小房。七号的一宅正空着，月租七十元，与翠花街（其北京居所）相同，然房少而间间合用，我立刻订一年合同，租下来。"[1]李文新曾著文介绍，民国以后，先后有清末两广总督张鸣岐、大总统黎元洪、时任内阁财政总长的梁启超、卸任的农商总长齐耀珊等，诸多高级官员居住于此。[2]但仍如沈亦云所述："意租界范围甚小，开辟亦甚慢，无商店市面，在天津称为河东区。租界当局禁赌甚严，家庭打麻将亦在禁例，因此大员们在那里有很讲究意大利建筑式的大宅，而

---

①沈亦云.天津三年.天津文史资料选辑(41).天津市政协文史资料研究委员会编.天津人民出版社,1987.173.

②李文新.意租界.天津租界.天津市政协文史资料研究委员会编.天津:天津人民出版社,1986.137~138.

不耐久居。听说一个要人曾被警察请去面交罚款,毫不通融。出租的房屋亦比较易空。"①因此,住在意租界的人员变动是比较频繁的,而且似乎也并不合乎中国人的"口味"。

　　Y 先生 1935 年出生在天津原意租界的一所大宅院里,祖父与伯祖父均为进士出身,在清末及民国期间都担任过政府要职。据 Y 先生介绍,该楼是他的祖父 1913 年购地自建的,但网上有资料显示其祖父 1922 年才寓居天津,其间是闲置着没有住人还是怎样?现在已经无法考证。其伯祖父的住宅就在旁边,是同时建造的,之间有一座小楼连着。

　　他们家的那所楼很大,最多的时候住了 4 代人,Y 先生在那里度过了童年。小时候是不可以随便出去玩儿的,所以最主要的活动场所就是阳台,阳台很长,可以四处观望。因为"老家"(他愿意这样称呼那里)就在兵营所在的小马路,兵营就在他们院子的斜对过,因此 Y 先生说自己最初见到的外国人就是意大利兵,最初见过的外国国旗也就是意大利国旗。在他的印象中,意大利兵很安静,都没见过他们排着队出来巡逻,他通常只是看见 1 个兵出来,戴着钢盔,在小马路上来回走一趟看一眼就回去了。他告诉我,自己唯一亲眼见到的装甲车也是在原意大利兵营。他一直坚持认为他家对面的警察局是工部局(是他搞混了)。说自己小时候在阳台上看到对过警察局里的消防车和消防队员,尤其是他们戴的亮闪闪的钢盔,特别神气,因此他儿时的理想是做消防队员,当然他后来没有能够实现这个"理想",而是成为了一个工程师。意大利投降后,他

---

①沈亦云.天津三年.天津文史资料选辑(41).天津市政协文史资料研究委员会编.天津:天津人民出版社,1987.173~174.

记得日本人立刻接管了兵营，把那辆装甲车也弄走了，这时候街上
开始有骑着高头大马挎着军刀的日本兵巡逻。在他刚刚上完小学
一年级的时候，因为母亲与祖母关系不和就带着他和弟妹回了东
北的娘家，一年后回天津就搬去了英租界生活，偶尔父亲也会带他
回来探望祖父。

意租界（包括其他租界）里更多的住宅是现在所说的那种"联
排别墅"。

C先生一家是抗日战争爆发之前搬入原意租界的。因为他母
亲的娘家在旁边的奥租界，其母为了方便起见，在意租界三马路，
现在的进步道租了一幢联排房中把角的一个单元。而他们自家在
河北区建有占地10亩的大花园住宅。C先生年过80的哥哥告诉
我，在租界那房子里住的憋闷，但是没办法，抗日战争开始后，他们
河北区的大宅院就被日本人占了，于是，意租界的房子就不再是临
时"落脚"的地方，而是他们的家了。

C先生就读的培植小学是意租界里的一所美国人开办的教会
学校，对面有一家名字叫永和祥的杂货铺，他最初吃到的"脆皮冰
淇淋"就是在那里买的。家里的大人们偶尔也会去"回力球"楼上的
餐厅吃意大利面条，但因为那里有规定"小孩儿不得入内"，所以，
他直到姐姐的婚礼才得以首次进入"回力球"。①"回力球"当初应该
是个非常时尚的地方，尽管后来被称为"毁人炉"大赌场。C先生说，
"回力球"一般不允许中国人进，但是他大哥、大姐的婚礼都是在那
里举行的。他记得，大哥结婚时，女方家在婚礼前三天提出要将婚
礼地点改到回力球，后来是通过一个"吃洋饭"的熟人的帮助才使

---

①1935年建成的"意商运动场"。

婚礼顺利举行。C先生说,他当时对"回力球"里面的冷气非常好奇,
后来就去专门观察,发现原来那是通过风机将地下室里堆放的冰
块释放的冷气抽到楼顶而形成的,"那就是当时的空调。"据说,当
时很多人都是为了夏天享受冷气而去那里的。

那时候,他家对面马路住着一对外国夫妻,先生是个名叫"基
里瓦希"(音译)的比利时人,他们没有孩子,但很喜欢小孩,因此C
先生小时候就常去他们家玩儿,而这对夫妇也因为喜欢吃C先生
家的菜,所以常有往来。C先生记得,在日本人对物资施行控制政策
最紧张的时候,冬天取暖的煤不够烧,基里瓦希还帮他们在客厅里
修了一个壁炉。日本人接管租界后不久这对夫妇搬走了,搬来了一
家日本人,那家也有个小男孩,但他们互相不来往。C先生记得,日
本投降那天,他还跑过去踢了那个孩子。

L老师家是1939年天津发大水的时候搬入意租界的,他们先
前住在日租界,因为当时意租界地势最高,没有被淹(这还得感谢
费雷梯),所以搬去。她说天津的租界是有区别的,英、法是联系在
一起的,掌握着最重要的经济地位,学习理工科、做大生意的人大
多居住在那里;而日、意是联系在一起的,比英法要次一级,政治经
济地位都要低于英法,居住的官僚多。对于他们家来说,是1939年
发大水时搬到意租界的。因为她父亲和日本人做生意,所以他们选
择居住在意租界而不去英法租界。

第二节 改头换面

　　1949年后，原租界房产的产权格局有两次大的变动。一次是20世纪50年代，另外一次就是1966年开始的"文革"。如果加上最近的这次拆迁，应该就算三次了。

　　由于租界收回至今没有再以原租界范围进行过区划分割与管理，我只能根据其所属最小辖区的人口统计做粗略分析：

光复道街常住人口统计（户/人）[①]

年份	户	总人口	男	女
2004	7649	19399	9798	9601
2003	8948	22875	11527	11348
2002	9190	23752	11999	11753
2001	9281	24304	12261	12043
2000	9509	25098	12686	12412
1999	9805	26108	13180	12928
1998	10024	26836	13499	13337

---

①天津市河北区统计局编.天津市河北区社会经济统计资料汇编(1997~2004),河北区人民政府统计办公室编.河北区基本情况统计资料(1976~1996),河北区人民委员会办公室编.统计资料(1960~1973).天津河北区档案馆藏.

续表

年份	户	总人口	男	女
1994	11367	32369	16042	16327
1987	11173	35484	17479	18005
1981	11255	41488	20937	20551
1976	10367	39591	20127	19464
1973	9902	38790	19467	19323
1960	——	41720	21902	19818

　　根据我的不完全统计，以辖区面积估算，[①]原意租界人口在1960年最多时达到13000人左右，户数最多的1994年达到将近3500户。而另有资料显示，1922年时，意租界有中国居民4025人，意大利居民62人，其他国家居民42人；1937年有中国居民6500人，外国人373人。[②]从人口数量的变动中我们不难发现人口结构的一种变化。

　　G爷爷1938年生人，自1946年前后随他的父母迁居该地，一直到2004年拆迁，前后将近60年。他们原来那房子是一幢两个门的小楼，他们住其中的一个门，是G爷爷父亲买的。地下有一层，地上三层，每层有2大间2小间。最初整个这个门儿都是他家的；到1958年"公私合营"的时候他们就只留下了二层的2大间，一个小间及厨房和卫生间；1966年"文革"开始后不久，他们就再次被"压缩"，只剩了一大间和卫生间，卫生间是和另外2户共用的（他们是

①光复道街办事处所辖区域不同时期的数据稍有出入，大约在1.1平方公里左右，由于该街办辖区均为旧租界（奥、意、俄），建筑状况近似，因此推算，原意租界辖区人口大致占统计人口1/3。

②Nankai Daxue zhengzhi xuehui （ed.），Tianjin zujie ji tequ, Shizhengfu congshu series, 1926, pp. 6–7., In F.C. Jones, Shanghai and Tientsin, p. 128. 转引自 Marinelli, Maurizio. Imagined Communities? Contentious Representations of the Italian Concession in Tianjin (1907–1944):城市空间与人国际学术研讨会论文集（二）天津, 2006.

分别住在原来他家厨房及后面套有小间的大间中的人家），这卫生间同时也是他家的厨房！大概到了1983、1984年，二层原来的房屋才又归还了他们。

一层以前是客厅，2个房间之间是大扇的玻璃门，2间屋里都有包着"紫铜"的壁炉。后来"大跃进"的时候这些壁炉连同锅炉都被街道拆去炼钢铁了。1949年以后，先是解放军"号房子"住在了一层。当时解放军把前门封起来了，他们就都只走后门，后来，等解放军撤走后他们就把一层的房子出租了，而三层也借给父亲的一个朋友守寡的妻子住。于是到1958年公私合营的时候他们出租的房子就被"合营了"，房子归房产局管了，租金的85%交给公家，15%给他们，这时三层借住的人家也就要付房租了（本来是借住，没有房租），只给他们留了二层，属于他们的私产，只交房地产税。

J先生1941年出生在北京，父母都是满族，父亲因生计原因，大约1945年后经朋友介绍到天津某局工作，任文书类职务。1949年，父亲将全家接至天津，在天津市某局宿舍安家，即原意租界光复道一个被称作"某国大院"的地方，全家五六口人住在一层的一大间房子里。

这幢房子属于意租界比较普遍的一种建筑形式，即现在所谓的"联排别墅"。有地下室，地上三层，1、2层每层2大间外带1小间厨房，3层只有1大间及1个大露台，在1、2层的楼梯拐弯处是卫生间，除地下室的住户外全楼的人都使用这个卫生间。

他们家与隔壁的房间之间有一道很大的玻璃门——这两间屋子以前应该是连通的，当年应该是人家的客厅兼餐厅，但那时住着两家人。J告诉我，"是那种有小颗粒的无色透明玻璃。质量很好，只能透过光，人影什么的一点都看不到。"但是不很隔音。他说那时候人们并不怎么在意隐私，而且家具摆在那里也就无碍了。窗户是双层玻璃的，隔音效果很好，外面多大声音都听不到。还有一层纱窗，最外面还有木制百叶窗式的遮雨板，但他记得那百叶是不可以调整的。

刚住进去的时候屋子里只有简单的家具，没有床，只有一些榻榻米，他们就睡在上面。他还记得房间里有很漂亮的落地窗帘，"是紫色带白色方格的，很厚实，有点像麻布的，遮光很好。还有带着穗子的窗帘钩。"这窗帘他们一直用到后来 70 年代搬家。当时房间里还有一张三人大沙发，类似现在的"布艺"沙发，沙发也一直用到弹簧坏了为止。他们家这间屋子与隔壁的都有一个壁炉，壁炉四周一圈是红砖砌的，下边贴有米色的瓷砖，带有铜包边。他还清楚地记得厨房的地面铺的地砖，是中间有个圆形、四个角上有三瓣花的橘红色瓷砖。顶层住的姓马的一家是进城干部，那个顶层有个大阳台。

与 J 从小一起长大的 Z 是 1950 年随父母迁入这个大院的，住在 J 家隔壁的半地下室里(1 大间 1 小间)。据他说，这个大院住的都是某局的"干部"(不是工人)。他们隔壁一楼住的是某局的局长，当时也就是 2 大间外带 1 间厨房，那是他记得他们大院住的最宽敞的人家，家里有客厅，四周摆放有沙发。

M 姐妹是"文革"期间搬入这个区域的，当时那里已经不再是租界了，大家通常称那里"一宫"(天津第一工人文化宫)。出身干部家庭的她们和其他很多情况类似的家庭一起，合住在一座半独立的小楼里，大概有五六户人家，最宽敞的也就住两间，这些人家共用一个卫生间，没有专门的厨房，就在自家门口的走道上做饭。姐姐告诉我，从他们搬进去的第一天，邻里之间就开始因为厕所的事情闹纠纷，一直到今天。

妹妹说自己当时因为原来家住在和平区（天津最好的区，以前为英租界）还挺不想搬家的，但后来看过之后就开始对这所房子充满了一种憧憬："在此之前，我从来没有见过那种绿色（灰绿色）油漆的门窗，上面有雕花，还有彩色玻璃……"因为平常喜欢看小说，尽管在那个年代，她说自己还是想象着这房子的过去。无论如何，姐妹俩那时努力地打扫、擦洗她们的家，试图"恢复"其原有的模样。姐姐和妹妹都分别对我详细描述了整个楼的每间屋子的情况，以及她们所认为的原来的功能："这房子以前就是一家人住的，一层是客厅，中间的玻璃门可以打开，有个壁炉；二层我们住的两间房应该是主卧室；楼上是孩子们住的……"人们都通过自己以往的经验与想象对这些房子的历史进行着一种"复原"。

T 老师已经 83 岁了，退休前是"意租界"里一所学校的老师。从50 年代初到那里教书开始就住在那里。当时她已经结婚并有了孩子。最初，他们一家租住在博爱道、五经路交口的一所大房子里。老人家告诉我："虽然是平房，但是里面是西式的，很高，木地板。"他们租住着两间屋子，感觉很好，当时她丈夫的哥哥一家也租住在这所房子里。后来没多久，她说："就开始'打大老虎'运动，而她的房东就是个'大老虎'。"那房产必须充公，所以他们也被限期搬家。当时给他们在王串场住宅区分配了房子，就是一排排的新工人住宅区，一方面距离太远，而且那房子也不好住，因此他们就几经周折搬到了光复道顶头的一个仓库里（意租界临近原俄租界的边缘），老人家更愿意称那地方"大破院子"，当时那里就只分配到 1 间屋子，但已经有两个孩子并且还有一个保姆，所以十分不方便。因为她丈夫的哥哥也在那里分到一间房，但他在别处还有房子，所以又匀给了他们一间房子，但是这两间房并不在一起，一个在走廊中间，一个在头上，所以他们一家人还得分开睡觉，保姆带着大孩子住，他们夫妇带着小孩子住。大概住了5年，到了20世纪60年代初，他们又通过换房换到了拆迁前住的进步道上的房子里。看得出，这所房子里充满了老人半生的美好回忆，但前几年老伴的去世使她不能回首。

　　老人拿出前两年照的照片给我讲述它的过去。这是两排房子组成的一个胡同，听人说最初是个意大利老太太盖的，用来出租，靠收房钱生活，但到1949年的时候就扔下房子跑了，于是变成房产局的房子了。老人跟我比划着说，以前那房子的楼梯那么宽，都是木质的，台阶也很宽，而且边缘是圆的，走起来很舒服，根本不会摔到人（也许是老人家现在年纪大的缘故，所以很在意这台阶）。房间的门也都是很厚实的木门，还带花玻璃，房间很高，很宽敞，菲律宾木地板，窗户上还有风雨板，有花厅（阳台），花厅的地上铺着很厚的瓷砖。在他们搬进这房子前，据说是街道上安排那些"浮肿"（三年自然灾害期间，人由于饥饿而造成的）的人休息的地方，而那些人在屋子里直接在地板上和过煤粉（说可能是为了取暖），并把煤饼贴在墙上，而后街道似乎又在那里开过云母厂，所以，他们搬去的时候屋子很脏，地板上、墙上、窗户的玻璃上都留下了以前的痕迹。但是，老人对这房子还是很满意，尽管也要和别人一起共用卫生间，合用厨房，但是她说住着很满意。

　　相反，老人似乎对这次的搬迁有种说不出的滋味。老人平时有做剪报的习惯，她说记得特别清楚自己曾经专门剪了一个有特大标题的关于"风情区"的报道——"2001年底见风采"，但她说自己等了好多年，直到2004年2月29日（她清楚记得）才拿到拆迁费，而因为老伴正是在这期间去世的,因此她特别难过。后来整修过程中,老人家和儿女们回来看过一次,前面她给我看的照片就是当时照的。她说,就是奇怪那房子怎么变得又小又矮了呢?楼梯也窄了,"但也没见走道变宽!"听说是把墙加厚了,"可是地震的时候,我们这楼是纹丝没动啊!"

第三节 屋里屋外的秩序

　　建筑是一种物质存在。道格拉斯曾经分析指出,物的秩序直接反映社会的秩序。就空间而言,"空间是服务于文化进程的一个元素,它的分类极富于含义:住房、面积、所在的街区方位、与其他中心的距离、特定的范围,这些都是支撑观念范畴的因素。"[1]建筑体现着人类社会的秩序,受到人类意志的制约,而建筑自身也有一种秩序,规定着人类社会的秩序。"秩序是依靠某种力量而形成的等级,它意味着两项运作的同时发生:一方面,作为等级,对事物加以等级的安排;另一方面,作为力量,使得事物成为其所是。"[2]作为租界的建筑来说,最初当局之所以要制定种种章程、条款,无非就是希望建立和维护某种秩序;而当中国将租界收回后,就通过改换名

①玛丽·道格拉斯、贝伦·伊舍伍德.物品的用途.罗钢、王中忱主编.消费文化读本.北京:中国社会科学出版社,2003.62.
②[美]流心著.自我的他性——当代中国的自我谱系.常姝译.上海:上海人民出版社,2005.119.

称等手段重新建立一种秩序;在"文革"期间极度混乱的社会状况下,建筑的秩序也随之打乱再打乱,重建再重建;地震震塌了不少房子——今天,"风情区"的建设又试图搭建出一个"中意文化交流"的平台,通过整修、改造旧的建筑,构建一种"新"秩序。

在意租界建设的早期,对居民和建筑式样都有严格的限定,租界当局一方面试图彰显他们对于中国的一种权力,另一方面也试图以他们的文化秩序来塑造中国。而就使用者来说,一方面处于"无奈",一方面也受到"现代化"追求的驱使,从"理性"上顺从那些要求,同时又凭借自己的经验改造着那些企图塑造他们的规则和秩序。

不同的年代有不同的秩序。1949 年之前,连年的战乱,一般家庭中的常住人口都不稳定而且越来越少, 一些人为了躲避战乱逃去内地,还有一些暂时借住在相对安全的英法租界,一些年轻人随着学校也迁去了内地,或者去了国外,还有一些热血青年参加了军队。那时候,大部分人家都集中住在一起,似乎住房的什么功能都不重要了。经过 1949 年前后的调整,搬走的搬走了, 没收的没收了,上缴的上缴了,分配的分配了……相对稳定了一段时间后,"文革"又开始了。

1949 年之后,租界里就几乎没有独门独户的小楼了,条件最好的也就是一层,2、3 间就算非常宽裕的了。当然,那时候也很少有三代人一起居住的"大户人家"了。S 姨的父亲是长子,在 20 世纪 50 年代初期首先带着妻儿迁出老宅,搬进了进步道 XX 里的一所联排楼房。那是幢二层带地下室的单元,每层有 2 间屋子,二层楼梯间和后院各有一个卫生间。S 姨一家 6 口外加 1 个保姆住在一层。当时父母住一间,妹妹和保姆住一间(大孩子平时都住校),在走廊里做饭，1间地下室是放杂物用的，他们家使用后院的卫生间。"文革"开始的时候，家里就只剩下父母和保姆，不久他们的房子就被造反的人占了，而其父母被赶入了地下室，同时，一直跟随他们的保姆被分派住在了二楼的一个原来放杂物的小间里，但他们还是生活在一起，保姆后来被她的儿子接回乡下。1984年平反落实政策，归还了原来那两间房子。

Z是1949年随父母到天津的，之前父亲在天津开着一家小工厂，工厂后来公私合营并入了一家大厂，他说自己的父亲最早也是工厂的学徒出身，不知道是不是这个原因，所以公私合营之后他父亲还在工厂里担任了科长一类的职务。他们家的小楼并不临街，得绕过两幢合围着的联排小楼才能看到，他一再告诉我，他认为他们居住的那个楼是一个主楼，首先，因为它是个独幢的，其次，它每层中都有两间带卫生间的卧室，以及一个中间为双扇玻璃门的套间，他认为那是客厅。而他们家就租住在二层的"客厅"里。而紧挨着他们这个"主楼"的二层楼比他们住的楼要矮半层，分别是车库、面包房，他认为还有的可能是下人住的房子。因为他们住的房子没有卫生间，走廊里也没有公共的，因此他家就挡住了一边的走廊，自己加盖了一个卫生间。他结婚后，单位给他分配的一间房也在附近，他说自己一直都很纳闷意租界怎么会有那样一幢房子——是个中式的小楼，中间是个天井，天井里有个公共的水龙头，因为分给他的那间房就在门洞旁边，"相当于传达室。"他说自己就一直没有搞清楚那房子的体量和结构，只记得是很窄的木楼梯。而住在那里令他感到最不方便的就是上厕所，所有人使用一个厕所，因此他经常是骑车回父母家方便。

1984年后，天津逐步开始新建单元楼房，M姐妹的父母在那时搬进了干休所的单元房,于是老房子就分给了姐妹俩。那两间一南一北的房子虽然是套间,但也有各自独立通向走廊的门。在她们小的时候,只走南房的门,北房作为里间,是父母的卧室,也是"重要"(妹妹的话)的房间。后来姐姐住了南屋,不仅朝阳而且带阳台;而妹妹分得了北屋。妹妹说,北屋比南屋的质量好,关键因为以前那是"里屋",包括地板在内,损坏的都没有南屋厉害。姐妹俩都将水龙头接进了各自的房间,妹妹还在自己的那间屋子打了个隔断,外面的一小间做了厨房;而姐姐还是在走廊里做饭。

家庭内部有秩序,对于租界而言,由于有明确的界限,因此界内界外就一定不同,不同的租界也有不同。

L家的姐妹告诉我,由于意租界的地基比较高,因此她们一直都把旁边中国的地称作"下坡"。对她们而言,"下坡"似乎并没有什么特别的意思,但是住在"下坡"的人和她们是不同的。很多年后,老同学聚会的时候,还有当年住在"下坡"的同学不无羡慕地回忆她们家漂亮的楼房和小院儿。而"下坡"和老城居民逢年过节喜欢穿"红"的风俗似乎也与她们的审美格格不入。提及其他租界,L妹妹说:"英租界的小孩儿们都是黄牙。"因为英租界的自来水含氟高,所以只有从小生活在英租界的孩子们是黄牙。我好奇地想知道,当时那种"黄牙"是一种什么样的标志?却没有得到任何特殊的答案:"就只是一种区别。"据说也没有因此受到嘲笑或者羡慕,但不知道是不是时间相隔得太久,她们或许已经不记得当时的情景了。

就租界内部而言,仍然存在着秩序,而且随着时代的不同,而不断地变化。当时,经历着抗日战争和解放战争的洗礼,人们一直都战战兢兢生活在一种动荡的状态。W家的女儿回忆到自家对面的一个大院子里住着很多日本人，多数都是穿着和服的女人和孩子，印象中他们非常霸道。有一次，她就从窗户中看到，明明是一个日本孩子欺负了对面理发馆老板孩子，可是那个老板还是出来打了自己儿子一个耳光，并且还给那日本人赔不是。当时，因为他们家的院子大，经常有日本人要求到他们家的院子里抓鸟，对此，他们全家也都是敢怒不敢言，那些日本人在他们家的院子里支起网子，一玩儿就是一天，而他们通常都躲在楼上。有意思的是，日本一投降，"那些没有来得及撤走的女人就很惨了！不知道是哪里的规定，她们走在马路上一定要扛着中国的国旗"。说起当时的那个场景，他们现在都感到可笑。

T家1951年搬出了原来的独立小楼，转而搬进了隔壁X家的房子，最初租的是2楼2底和另外后楼的房间，但后来随着与房东家的关系以及出于经济的考虑，退掉了一层的2间房。再后来，1956年，他们在意租界附近的平安街买了一所很简单的小楼，楼下前后2间堂屋，楼上3间，但每层都有卫生间，"虽然没有过去的舒适讲究，但也住着方便"。"文革"时期压缩到1间，1984年前后落实政策归还，要拆迁时他们就没有回迁，而是住到了现在的房子，"那个时期大家更愿意住的是单元房，能住单元房是很骄傲的事情，没人愿意住在这些老房子里，只是这些年才又兴住老房子了"。

第六章

徘徊在回忆与失忆之间

　　有的时候,我们很难辨析历史究竟给我们留下了什么,是应该记住还是忘却? 对于国家的历史如此,对于社会与个人依然如此。记忆是集体的, 但记忆也是个人的。莫里斯·哈布瓦赫(Maurice Halbwachs)指出:在梦境之外的现实当中,过去不会像在睡梦里那样重现,一切似乎都表明,过去不是被保留下来的,而是在现在的基础上被重新建构的。同样,记忆的集体框架也不是依循个体记忆的简单加总原则而建构起来的;它们不是一个空洞的形式,由来自别处的记忆填充进去。相反,集体框架恰恰就是一些工具,集体记忆可用以重建关于过去的意象,在每一个时代,这个意象都是与社会的主导思想相一致的。①那么,人们是怎样建构那些记忆? 又为什么要如此建构呢?

　　景军教授在《神堂记忆》中总结了社会记忆研究中的三种取向:集体记忆取向,官方记忆取向和民间记忆取向。②而我在此则更

①[法]莫里斯·哈布瓦赫.论集体记忆.毕然、郭金华译.上海:上海人民出版社,2002.71.
②景军.神堂记忆(网络中文版)

希望通过一种官方和个人记忆之间的某种互动来阐述集体记忆的
过程和状况,在不同的历史时期,不同的阶层和利益群体以及个体
当中,这种"集体记忆"不同的选择性,官方或民间的记忆取向并非
一种不变的选择,而且随着社会政治经济文化的变迁,在不同阶段
和具体的事件当中都会选取,甚至创造对自己有利的那部分"记
忆",而"忘却"或"抹去"那些不应该存在的历史。

第一节 不一样的记忆

　　国家的历史是在某种意识形态的指引下建构的，难免有所取舍。而社会的历史，就如保罗·康纳顿（P. Connerton）在《社会如何记忆》中写道："至于社会记忆本身，我们会注意到，过去的形象一般会使现在的社会秩序合法化。这是一条暗示的规则：任何社会秩序下的参与者必须具有一个共同的记忆。对于过去社会记忆在何程度上有分歧，其成员就在何种程度上不能共享经验或设想。"[①]对于一个历史上曾带有"统治阶级""帝国主义"等标签的租界，不同的人对于过去似乎明显地存有种种分歧，同时也就必然有不能共享的内容。

　　从最初租界的规划与建设，我们不难看出一种安德森在《想象的共同体》中指出的"新空间"与"旧空间"之间的那种微妙错综的

---

①[美]保罗·康纳顿著.社会如何记忆.纳日碧力戈译.上海：上海人民出版社,2001.2.

关系。①在殖民者方面,有他们的理解和解释。比如一个名叫伍德海德(H.G.W. Woodhead)的外国记者曾经在 1934 年做过这样的分析和描述:德租界是最适合所有国家的外国人居住的地区;英租界有最重要的银行、公司和商店,居住着相当多的中国人;而意租界则成为了中国下野的政治、军事官员们的居住地。②

殖民者通过对租界空间的塑造,在相当程度上表达了对自己祖国的思念,一种"记忆",借用前面提到过的一种说法,在殖民当局的 "政治责任与思念远方故乡的情感之间存在的一种内在张力"。当时有西方人这样评价意租界的建设:意大利租界的街道以某些现代意大利的缔造者的名字命名,这件事足以说明其创办人费洛梯上尉的爱国精神。在街道拐角地的蓝底白字的路牌上有一些的名字是:维多利奥·厄曼努尼尔三世(Vihoria Emanuel III),马可·波罗(Marco Polo),埃芒诺·卡洛特(Ermanno Carlotto),乌迪内王子(Prineipe di Udine),维多尔·皮萨尼(Vettor Pisani)等,还有一些名字:罗马(Roma)、的里亚斯特(Trieste)与特兰托(Trento)。③他们的这种所谓的"爱国精神"是否如安德森指出的在"新世界"中出现的"民族主义"呢。④

与殖民者立场不同,对于被殖民的广大中国人而言,对于作为

---

①[美]本尼迪克特·安德森著.想象的共同体:民族主义的起源与散布.吴叡人译.上海:上海人民出版社,2005.177~181.

②Woodhead, H.G.W. A Journalist in China. London: Hurst and Blackett, 1934, p. 65

③雷姆森(O. D. Rasmussen)著,1924 年天津法文图书馆(La Libraire Francaise)出版。许逸凡译,《天津历史资料》(10)天津社会科学院历史研究所编(内部资料),1981 年 4月,第 69~70 页。原作者系远东《泰晤士报》驻天津记者。

④[美]本尼迪克特·安德森著.想象的共同体:民族主义的起源与散布.吴叡人译.上海:上海人民出版社,2005.180.

体现"他者"民族主义的西洋建筑是存在一种矛盾心理的。因此，在
不同的意识形态作用下，会有不同的偏向。在中华人民共和国成立
之初，在刚刚推翻了"三座大山"的情形下，人们在政治上，强调的
是这些建筑最初建造及使用的"目的性"——那种"帝国主义"的侵
略本质，强调的是其物权所有者的"资产阶级"本质，所以几乎不存
在文化价值与美学价值；与此同时，注重这些建筑作为一种建筑实
体存在的实用功能，但是改变其服务对象——让其成为社会主义
建设的一分子。就有关方面的介绍，在原意租界大约770亩的区域
中，房屋的产权关系非常复杂，除了我们通常熟悉的公产、私产外，
还包括外管产、军产、宗教产等，其中公产占50%，企业产占20%，
私产占10%~20%。从这样一种粗略的数据我们不难看出，这些建
筑作为一种物的实体存在的价值。当地很多居民都知道，"铜人"四
周那几所漂亮别墅大部分都属于军产，至今还有位80多岁的将军
（少将）住在里面。而其中一座原先为汉奸张鸣岐的别墅，被没收充
公后分配给广大劳动人民居住了，当年的全国劳动模范张某某就
是其中的一位住户。

　　Y先生告诉我，80年代初期，一些老建筑进行了维修，他们在
电视上偶然看到了自家的老宅，就跑来照了些相片。他还告诉我，
后来盖克主演的电视剧《还是那条街》中的外景用的就有他家老
宅的后院，那是他家后院的两层小楼，原来上层是仓库，下层是车
库和家仆的住房等。90年代前后，祖父和伯祖父的这两所楼都被
拆了，盖了现在的公寓式住宅。而在此之前的数十年，他们从来都
没到那里去看过。是什么原因阻隔了他们数十年对那里的记忆，
又是哪些东西勾起了他们对老宅的思念呢？

　　"风情区"中最早"挂牌"的文物建筑是"梁启超故居"。1983年

首次被列为县级重点文物保护单位,1991 年被列为天津市文物保护单位,2001 年"斥巨资"整修,2003 年 4 月 18 日,市文物局批准建立的梁启超纪念馆正式开馆,2006 年 6 月 10 日首个 "中国文化遗产日"到来之际,被正式列为了第六批全国重点文物保护单位。自 1929 年梁启超故去,到 1950 年梁夫人王桂荃将房屋卖出,之后就与大多数租界住宅的命运类似:"解放以后, 新楼、旧楼均归公产,先是有军属入住,后居民越来越多。当地房管站也曾在此办公,并在院内建房设材料厂,院内陆续搭建了许多临时建筑。前不久这里腾迁时,竟搬走 91 户居民。"①很多当地的居民在"梁启超故居"挂牌之前,根本就不知道那里原来还住着一位这样的大人物。一位曾经就居住在附近"四海里"的居民告诉我,因为那个院子比较大,他们小时候还去里面植过树,但不知道那是梁启超故居,老师也没介绍过(老师可能也不知道)。而另外一位年龄相仿的居民说,他只知道那个院子里过去住的有"日本女人",问及如何知道是日本人,只说"反正跟我们不一样",说话、穿衣等都不同,而且他的一个同学就住在那儿,她的妈妈就是个日本人。

　　2001 年,天津《今晚报》将有关"意大利风情区"的建筑及人文资料的征文编辑成册,出版了《意式街风情》一书。书中提到"在海河岸边有一个以马可·波罗命名的广场,周围有一批二十世纪初建成的具有浓郁意大利风格的建筑群落, 是亚洲唯一的意大利风貌建筑资源,也是亚洲最大的意大利文化蕴含地"。②

————————

①王勇则.梁启超在津故居的变迁.郭长久主编.梁启超与饮冰室.天津:天津古籍出版社, 2002.24.
②杨族耀.展意式风情,促经济发展.郭长久主编.意式街风情.天津:百花文艺出版社, 2001.8.

回顾早先那些关于租界建筑的文字，"这一阶段（1900 年以后）租界内的建筑日益增多，首先是为帝国主义者统治服务的管理性建筑物增加，如各国领事馆、工部局、兵营等。这些建筑物就其质量来看，较八国联军入侵前大有提高，这反映出帝国主义侵略者势力的日趋巩固，当然也与技术上的进步有关。这些建筑在外观造型上依然反映其本国古老建筑的风格……其次是早期的银行和洋行等为帝国主义经济侵略服务的建筑……第三是为帝国主义分子及官僚买办阶级享乐用的商店、住宅及游乐性建筑……第四是为帝国主义文化侵略服务的文教卫生及宗教建筑。"①

据我所知，最早提及原意租界"马可·波罗广场"的中文文献是 1960 年卢绳的《天津近代城市建筑简史》："意租界的意国花园在 1924 年正式开放，门外广场中心立了一根纪念马哥波罗（马可·波罗）的克林斯式的石柱，柱顶立一女神像，柱座四周刻有石像，像下有孔喷水，外为圆形的莲池。广场周围建筑皆具有高起的塔楼，形象错落，构成了优美的建筑群体，这也说明当时意大利建筑师在建筑活动中突出的追求美观。"③但就当时的地图来看，并没有所谓的"马可·波罗广场"一说，该位置被标示为"西圆圈"，意大利名称为 PIAZZA REGINA ELENA，是以一个名叫 REGINA ELENA 的女神的名字命名的广场——这座柱式雕像本是"一战"后意大利人宣扬自己的赫赫战绩并希望不再重开战火的纪念物。③而南北纵贯这一

---

①卢绳.天津近代城市建筑简史.(1960).天津文史资料(第 24 辑).天津市政协文史资料委员会编.天津：天津人民出版社.1983.14~16.

②卢绳.天津近代城市建筑简史.(1960).天津文史资料(第 24 辑).天津市政协文史资料委员会编.天津：天津人民出版社,1983.38.

③引自网民石映飞云 2004 年 12 月 27 日文章"天津一日游纪事",http://www.tianyablog. com/blogger/post_show.asp?BlogID=57249&PostID=977596&idWriter=0&Key=0

广场的马路名,也就是今天的民族路,原先叫西马路,意大利名为 VIA MARCO POLO,即马可·波罗路。而当时居住在意租界的中国居民因广场那柱子上的铜质塑像通常把那里称作"铜人儿",即便后来铜人早已没有了,老人们还是习惯管那里叫"铜人儿"。由于卢绳先生早已故去,因此无法考证当初为何"创造"出马可·波罗广场。我猜想一种原因是由于广场所在道路,另外一种原因恐怕是因为他认为马可·波罗是值得纪念的。但是很少能够查到这方面的文字资料,只是民间流传,据说那铜像是一位女战神,该柱及塑像是为纪念一战胜利而建。后来先是铜人被拆去,然后是柱子连基座以及外围的水池都被拆除。而更有意思的是,关于柱子以及上面的铜人是何时被拆的,至今得不到一个统一的答案。就铜人而言,有人说是日本占领时期"献铜献铁"运动时被日本人拆掉的,也有人说是 1949 年拆的,还有人说是 1958 年"大炼钢铁"时候拆的;而那柱子则有人说是 1976 年地震,也有人说是"文化大革命"时候拆的。至于完全拆除的原因,据说是因为影响道路交通。

　　20 世纪 80 年代末天津市开始重视城市历史文化的搜集整理,各区都相继组织相关人士对当地的人文、地理等内容进行调查并编撰了相应的文献书籍,在河北区政府编写的《天津市河北区地名志》中,是这样介绍原租界情况的:街道宽敞整齐,植有树木,辟有花坛,设有多路公共汽车和无轨电车站,交通便利。房舍建筑除新建的平顶中式楼房外,主要为二十世纪初建造的"哥特式""罗马式"砖木结构二、三层小楼和仿照西式古建筑修建的"花园洋房"。这些建筑,造型奇妙,古朴别致,各具特色,具有西洋古代建筑艺术的独特风格。1949 年以前,这里是帝国主义者和军阀、政客、富商大贾的"安乐窝",也是他们从事各种罪恶活动的"避风港"。湖北督军王占元、奉系军阀李景林、国民党驻美大使刘景山、天津警察局长阎家琦、资本家王郅隆、一贯道头子张天然以及天津多位市长等，当年都曾是这里的"住户"。1949 年以后，楼庭易主，换了人间。民主道 58 号原是中华民国第三任大总统冯国璋宅第，如今已成为普通居民的住房；天津市第一医院——进步道 102 号曾是贿选总统曹锟的公馆；建国道 3 号曾是天津市警察厅长杨以德的寓所。过去的回力球赌场，也已成为工人文化活动中心——天津市第一工人文化宫。①

　　2001 年，"马可·波罗广场"得到了重建。有题为《为重建马可·波罗广场叫好》的文章写道：马可·波罗是中国人民的好朋友……天津海河岸边马可·波罗广场的重建，一定会增进中意两国人民的友谊，促进两国人民的友好往来，促进天津与意大利乃至世界各地的经济、文化交流，对天津的经济与文化建设、对外开放也将大有裨益。②

---

①天津市河北区人民政府编.天津市河北区地名志.天津市河北区地名办公室组稿.
　1987.
②杨志玖.为重建马可·波罗广场叫好.郭长久主编.意式风情街.天津：百花文艺出版社，
　2001.1~2.

第二节 回忆、忘却还有想象

　　哥伦比亚大学比较文学系主任徽森(Andreas Huyssen)在著作
《暮色的回忆:健忘症文化中的时间标志》(Twilight Memories: Mak-
ing Time in a Culture of Amnesia) 中对当下的博物馆进行了讨论,他
指出:博物馆作为保存文化遗产的传统观念早已过时,在这个后现
代的社会中,博物馆的功用是制造一种文化景观和大众娱乐,然而
即使是变成了一种取悦观众的文化工业, 它的展览性质也和电视
不同,因为馆中呈现的物品可以满足观众对于"存真"(authentic)的
愿望,而这种愿望恰好印证后现代社会时间观念急速变迁后,人们
对于文化回忆的需要。①李欧梵先生接着指出,回忆或忘却都是处
理时间的方法,都是有选择性的,也都是对抗后现代文化中的"健
忘症"的办法。健忘症使得记忆和忘却皆无意义,但是人们却无法
在全然健忘的文化中生活。②

① 李欧梵.寻回香港文化.桂林:广西师范大学出版社,2003.57.
② 李欧梵.寻回香港文化.桂林:广西师范大学出版社,2003.58.

收回天津意租界之前，那里已经被日本占领，因此，随着主权的回归，人们记忆的更多的是如何从日本的统治中获得苏醒和解放。在那时候的记忆中意租界早先的"开创者"意大利人仿佛早已消失，取而代之的是日本人和后来的美国大兵。此刻，人们的记忆中浮现的是"民族主义"的内容，而且突出的对象是日本侵略者。W家的女儿告诉我，有一段时间她的牙齿不好，经常要去英租界那边的医生那里看牙，每当经过解放桥，就可以看见那里戳着的一颗巨大的黑色炮弹，像个雕塑似的，但是很恐怖，令她至今记忆犹新。当时居住在租界的大部分居民都属于受压迫者，因此，当租界收回之时，人们感到的是摆脱外敌压迫的雀跃。记得C先生告诉我，1946年是他印象中他们家最团圆的一年，在经过了多年战乱的颠沛流离，家中的亲人终于可以一起坐下来吃团圆饭了。但是，不久后的战争使得人们的生活再度陷入慌乱，这一时期的各种社会矛盾变得更加复杂。而由于当时国内各派的势力强弱还不明朗，资产阶级依然掌控着社会的大部分资源，因此，人们似乎忘却了租界的"民族主义"起源，那里不过是一片条件好的富人居住的"住宅区"，很少人追究其"民族性"。

1949年中华人民共和国成立以后，很多人出于各种各样的原因主动或被动地搬离了象征着等级和秩序的房屋。房屋依然保持着原有的那种象征，但是由于考量其秩序的标准变了。此时，人们的记忆取向也发生了变化。传统中国人之于"家"的种种观念受到了巨大的挑战。象征着受到祖先庇护的"家"，由于同时也笼罩着"祖先"的阴影，因此促使人们希望逃离。当时很多人选择离开——以各种方式。W家的女儿告诉我，当时家里的人越来越少，在北京上大学的一个姑姑参了军，准备跟随部队南下之前回来跟家人告别,"她腿上打着绷带,穿着厚底鞋。原来我们最喜欢和这个姑姑玩儿了,但是看到她当时的样子,我们都躲得远远的议论说:'姑姑她变了,都穿上木头底儿的鞋了。'"而 S 姨的父亲也选择带着妻儿搬出单过了。在整个调查中,我不只一次地听到人们说:"我的祖父是资本家,不代表我的父亲也是啊,他是做××工作的,是靠自己的劳动生活,养活我们的。"当人们选择忘却一些记忆的时候,人们也就记忆了一些难以忘却的东西,从那时开始到 1966 年"文革"发展到高潮的各种政治运动使很多人至今记忆犹新。

在对 W 家的访问中,90 多岁的奶奶,虽然听力不好,不怎么参与访谈,但一直保持着警惕性,就在我追问洋客厅中的"西式"圆桌与大客厅的"中式"圆桌有什么分别的时候,老人突然说话了,很大声音:"我认为你了解建筑,问这些关于家里面的事情没有必要!"由于来得突然,使我感到有些措手不及,但还是稳定住气氛,做了必要的解释,但老人家显然还是不高兴,继续重申了自己的意见。她的亲人们虽然也善意地替我向她做了解释,但为了尊重起见,我们还是适当调整了话题。最后,我试探着询问老人是否还保留着以前的老照片时,她还是拿出了一本相册,让我看了张老相片,但很快就收起来了。究其原因,她的晚辈给我讲述了这样一个"关于家具的故事":

1950 年后,我们卖掉了天津的房子,全家搬到了北京,住进了四合院。当时的一位关系不错的邻居在街道办事处工作,有天姑姑去那里办事,在那邻居的办公室里惊讶地看到了原来天津家里的一个柜子。由于那个柜子有个小机关,中间是个大抽屉,旁边还有两只小的暗抽屉,但是,只有打开中间的抽屉才可以打开旁边的。因此当时那位邻居带着几分炫耀向姑姑展示:"你知道怎么打开这柜子……"姑姑当时很不以为然地回答了,自然令那邻居惊讶,但姑姑却立刻意识到了什么,赶紧借口离开了。

在当年,作为"四旧"之重点的旧家具是令人敏感的,而那关于"旧"的阴影还会笼罩人们到何时呢?

与Z是在去拜访另外一个朋友的时候结识的,当时那位朋友极力建议他也一起留下来谈,但他还是婉言拒绝并匆匆告辞了。相隔了2天,我打电话约他见面,但他一再推辞:"我也不知道什么,都告诉你了……"在我的恳求之下(我再三解释了自己的调查目的及意义),他才勉强答应次日上午可以在一个公共场所见面,于是我们就约定了一家离他住处不远的肯德基店。

见面后,他最先和我说的还是那句已经重复了好几遍的话:"我知道的都告诉你了!而且房子也都拆了,没有意义了。"也许是个性所致,他似乎显得有些抑郁。我拿出上次见面时他匆匆给我绘制的平面图,一方面希望了解的更详细,另一方面也是为了打开谈话的局面。但他说话总是含含糊糊的,经常会说:"都是老事儿了,不提了、不提了。"他所叙述的所有事情几乎都是碎片式的,我要不停地进行启发。每当我提示性地说出一些内容时,他又会说:"哎?!好像是……"后来说到自家一个亲戚有外室的时候,他事先专门强调:"我也不把你当外人了!"因为我们会不断地通过勾画地图来确认各个地标,因此我们都会在纸上写写画画做出标记,有一次他就写上了自家的姓氏,但他很快用笔涂掉了,还说:"不要提名字。"而事实上,"不会涉及任何家庭及姓氏"的学术原则,我已经向他解释了多次。其间我也会多次重申我的研究目的和意义,"我希望通过对你们的访谈,用文字的形式记录下来很多现在已经被拆掉的房子,以及当时围绕这些建筑空间的社会生活。"后来,他说自己时常

会来这里看看，但并不表现出来更多的情感，说："只是看看。"最后
告辞的时候，对我说："看来，我和你在很多问题上的观点是一致
的，你的研究也挺有意义。"但看的出来，他是不愿意再次接受我采
访的。

　　G 爷爷、G 奶奶由于属于私房腾迁，为此一直都有很大的怨气。
他们说，与其他那些非私产房主相比，他们只是更"敢"对抗、要到
相对更高的价钱罢了，但最终还是免不了搬家的命运。虽然他们从
年龄和在那房子居住的时间都不算最长，但他们对那里的过去似
乎有很深的印象，直说："现在根本就不是原来的样子，早就不是
了"。他们说，"那个马可·波罗的碑（雕塑），文革、地震都没坏，还有
一宫上面的尖，以及周围那些角楼，都是地震后好长时间才被拆掉
的"。还记得一宫顶上的尖拆的很费劲，"根本不会塌下来伤人！"而
那个碑是由于"妨碍交通"才被拆掉的，但也不记得铜人是什么时
候没有的。最有意思的是，他们还告诉我说，民生路的那个广场（但
丁广场，东圆圈）原来还有个"铁碑"。可是，我向很多人了解过此
事，包括自 1930 年就居住在那里的人们，对此都没有印象。能够查
到的相关文献中也没有类似的内容。最后，我从参与"风情区"项目
的公司方面了解到，他们的"设计方案中曾经有过类似的想法，但
那只是个想法而已。"

第七章

「风情」

　　表面上,"租界"到"风情区"是对历史建筑的一种"保护性开发",而且也在努力贯穿一种遗产保护的"修旧如旧"原则,但那其实更是一种"新文化"的创造。从表层来看,政府参与投资、立项,进行"风貌建筑"的保护是一种从上而下的决定性举措,而开发商受到经济利益驱动而实施的建设则是一种必要手段,大众传媒在其中又起着推波助澜的作用,通过这些建筑来追溯各种各样记忆的人们是使这些历史空间的意义越来越丰富的源泉,随着社会文化时空的变迁,不仅最初那些不耻的意义在渐渐隐去,隐含着的其他意义不断显现,而且还增添了新的意义。巴思(Frederik Barth)对于文化的开放性解释提出了四点看法:意义是授予(conferring)的关系;意义是赋予的,不只是存在于现在的世界上;文化意义在人群是不平行分配的,并不是共享的框架或范式;文化意义的分配依赖于社会位置。

　　天津自20世纪80年代中期开始意识到"小洋楼"的经济及文化价值,采取了一些保护措施。由于早在1990年,天津与意大利米兰就结为友好城市,以此为启发,2000年,天津方面根据当时搜集到的一些有关原意租界的图片及文字资料,制作了简单的宣传册,以主动出击的方式远赴意大利进行"招商"。经过了几个回合,不仅越来越多的意大利商家来此考察,到了 2003 年该项目还受到了意大利官方的重视,并将其纳入了中意两国文化合作的重要内容。与此同时,天津市也把"意式风情区"项目列为海河开发"十大节点"项目之一。2003 年 1 月,天津市海河建设发展投资公司负责出资,由天津市海创工程项目管理有限公司进行组织管理,对该项目进行了国际招标。①经过中方与意方 2 年多的修复、改造和运作,2005年 10 月 1 日,"意式风情区"举行了简短的"开街"仪式,工程宣告阶段性竣工。在此之前,2004 年底,意大利驻中国使馆文化处在北京举办了"天津之路——意大利和中国的千年纽带"图片展,展出的图片主要为天津意式风貌建筑,当时正在中国访问的意大利总统钱皮与天津市长戴相龙一起参观此次展览。2005 年 10 月该展览又在意大利举办的"中国文化周"活动中展出。2005 年 5 月,同样是以"意式风情区"风貌建筑的修复改造为基点,意大利大使馆文化处、清华大学及罗马大学,在清华大学建筑学院举办了题为"意大利城市修复:意大利和中国对于纪年性建筑以及城市的修复"研讨会及展览。随后的 2006 年被中意两国政府定为了"中意文化年"。

弗里德曼认为:"由于世界的复杂性在日益增加,文化没有变迁。变化的是认同和意义赋予的方式。"②有学者指出:在器物、制度、文化这三个层面,当代中国大规模全方位实现了"器物"现代化,"制度"的现代化正在艰巨的过程中,而"文化"层面在中国的处境最是冲突、复杂而难以预测。100 年来人们给予了租界种种自觉

①王晶.天津意大利建筑风貌区的修复与开发纪录.城市环境设计 2005,(1):50.
②[美]乔纳森·弗里德曼著.文化认同与全球性过程.郭建如译.北京:商务印书馆,
2003.113.

与不自觉的"去殖民化"努力,使一个曾经是被帝国主义侵略的、西方的、外来的空间中,建构起了一种美的、高级的、时尚的、现代的西方主义同时也是爱国主义的、民族主义的认同。后殖民主义批评家霍米·芭芭(Homi Bhabha)认为,全球化过程创造了一种文化杂交性的第三空间,这种空间使其他立场的出现成为可能。而近代中国曾经为租界的空间中又出现了哪些不一样的立场呢,这或许还需要多方学人做更深入的讨论。

第一节 风情在何处？

　　在讨论消费文化的时候，布尔迪厄提出了一个"文化资本"概念，来重新考察文化与社会阶级间的复杂关系。他认为，非经济形式的资本具有三种表现形态：经济资本、文化资本和社会资本。三种资本能在一定的条件下进行转化。[①]虽然与布尔迪厄讨论的问题不尽相同，但体现天津建筑特色的"小洋楼"的确在其履行"建筑"的居住等使用功能的同时，展现着特有的社会文化含义，在不同的历史时期，"小洋楼"所体现出的社会文化价值与意义不同。

　　"近代天津城市的发展——从1860年被迫开埠算起，到1949年天津解放为止，虽然只有八九十年的时间，但其成长速度与功能发挥，却大大超越了自早期聚落形成以来六七百年的累积性历史

---

① Bourdieu, Pierre, Distinction: a social critique of the judgement, translated by Richard Nice, Cambridge: Harvard University, 1984, p.114

进程，似乎近代天津城市是伴随着外国资本主义侵略的不断加深而发展起来的。简单地说，历史的表现确系如此。"①那么历史表现背后的又有些怎样的内容呢？

马可·波罗可能是最早对天津进行过描述的西方人了，但那毕竟与今天相隔得太远，而且马可·波罗其人其事的真实性也是学界内外一直以来存有争论的问题②，因此，本文在此并无意追究。1655 年，第一位荷兰使节高耶尔（Peter de Goyer）在其来华纪事的英文版译本中曾经专门写到过天津："同一天（七月五日），我们到达了天津卫港口，这个地方被认为是中国最著名的沿海城市。当时中国的主要港口有三个：第一个是广东省的主要城市广州；第二个是南京府的镇江县；第三个是位于顺天府东部边缘地区的天津卫，再靠近'康海'（Sea Cang）的港汊处，是该地区三条河流的三岔河口。在这儿，耸立着一座坚固的碉堡：周围的村野除了沼泽地以外，都是低洼地。天津卫城在距'新镇'约三十哩处，周围是二十五呎高的坚固的城墙，墙上到处是守望塔和炮台。这个地方到处被庙宇所点缀，而且人烟稠密，交易频繁，像这样繁荣的商业景象为中国其他各地所罕见。"③时隔 100 余年，1793 年英国使节马嘎尔尼访华，对途经天津的印象有所记述："我们的小船停泊在大致是市镇中部的总督府前。在对面的码头上，在靠近河边的地方，正搭起一个巨大而华丽的戏台，周围是光彩夺目的中国

---

①罗澍伟.近代天津城市史.北京：中国社会科学出版社，1993.13~14.
②[英]雷蒙·道森.中国变色龙——对于欧洲中国文明观的分析.常绍民、明毅译.北京：中华书局，2006.
③转引自[英]雷穆森著.天津——插图本史纲.许逸凡、赵地译.天津历史资料（第二期）.天津市历史研究所编，1964.3.

原天津意大利租界建设场景

式的装饰和布景，一群演员正在这儿演出种种不同的戏剧、哑剧，一连几个小时都不间断。河的两岸，在大约一哩长的地带上，排列着制服整齐的卫戍军队，队伍中形形色色的旗帜迎风飘扬，时时传来军乐似的铿锵声。"而马嘎尔尼的随行官员司当东则专门记述了天津的房屋："大多是两层楼房。这种建筑式样跟中国通行的建筑式样不一样。过去的早期住宅，大都是平房……但是，由于它是一个商业城市，靠近码头，接近河边，这种条件促使了这种新的建筑形式的产生，在这个国家里，这被认为是在同一位置上重叠式的建筑。"①

有意思的是，在那之后，中国在西方的形象一落千丈。有观点指出，18 世纪晚期开始，曾经风靡欧洲的"中国热"由于新兴的资产阶级试图重新建构其文化权力而衰落，作为一种落后与过时的东西被抛弃。②而与此同时，中国人对于西方的认识也由于他们的侵略行径而怀有严重的偏见。

---

①转引自[英]雷穆森著.天津——插图本史纲.许逸凡、赵地译.天津历史资料(第二期).天津市历史研究所编，1964.4.
②Hudson, Geoffrey Francis. Europe& China: A Survey of Their Relations from the Earliest Times to 1800. Boston: Beacon Press, 1931

现在我们可以看到的对天津租界设立之前的状况的描述,几乎都是肮脏、混乱,等等。而租界的历史完全是在原来土地上的中国人与物不在场的情况下谱写出来的。在《天津的成长》一书中,英国人雷姆森(O. D. Rasmussen)更是以夸赞的口吻评价了天津意租界的发展:

1901年当租界租与意大利政府时,这个占地700亩的租界地是一个破烂不堪的中国村庄,四周全是浅的臭水坑、空地和垃圾堆,东北界铁路路基,西面临海河,位于旧奥地利租界与俄国租界的中间,该租界的平均地面比天津任何租界都低,在某些地方甚至比目前地面低20英尺。在暂时的军事占领之后,罗马政府任命海军陆战队的年轻的费洛梯(Fileti)中尉(后升为上尉)为行政委员。这位年轻的军官,虽然没有什么经验。但是却具有非凡的组织天才和远见。开始从事于在臭气冲天的沼泽地上建立起一个现代化城市的工作……意租界工部局并不占有任何公用事业,居民从供应其他租界的私人公司获得水电的供应。费洛梯上尉是天津第一个研究沥青铺路的可能性的人;早在1914年即与纽约美孚石油签订合同在大马路(今建国道)一带进行一段沥青路的实验。应当归功于行政委员与供应者双方,这条路现在还完美无损。有了这条路才能在租界内其他道路上推广。现在除了900公尺以外,所有的道路都已铺上了沥青,而剩下的相当短的一段也将在明年夏天完成。这样,当别的租界还在开始修建现代化道路的计划时,意大利租界已几乎完成了他们的道路计划,有了天津灰尘最少,而且最平坦的道路。

在未来的发展计划中,还有海河岸边意大利码头的修建工作,以便于停泊船只,并且提供一切现代化商业设备。仅此一项工程,计划支出 35,000 两以上。仅仅由于需要等待明春万国桥的最后计划的解决,才延期开工。①

由于当初租界与华界的发展非常不平衡,而自 1937 年抗日战争开始,整个天津包括租界都已变得满目疮痍,从租界收回到 1949 年前的战争又给这座城市增添了伤疤。天津解放"会师金汤桥"的场景至今仍会在很多曾经居住在意租界的人的脑海中清晰地浮现。C 先生告诉我,当时他们家和姐姐的婆家都住意租界,他父亲就跟亲家商量,认为医院应该是最安全的地方,就决定搬去医院躲避,可是没想到他们住的病房竟然炸塌了半堵墙。而当时的居民一般都躲进了地下室,任凭自己的家被各种炮火洗礼。经过了近二十年的非自然损耗,中华人民共和国成立时,人们把注意力都转移到了最大限度地恢复所有物品的使用功能上。以意租界过去的最大的商业娱乐性建筑"意商回力球场"来说,除了球场和看台外,曾经还设有酒吧、餐厅、咖啡厅、舞厅,楼顶还有屋顶花园。中华人民共和国成立,政府决定把那里改作"第一工人文化宫",也是从那时起,越来越多的人知道"一宫"而不知意租界。于是,"将回力球场改作了篮、排球场,并同时可以放映电影、开会、演出文艺节目。后来改造成大剧场,拥有 2400 个座位,是华北最大的剧场之一,休息厅改造为游艺厅,舞厅还是舞厅。"②我后来采访过的很多去过那个剧场的人都一致认为,"那是我去过的最好的剧场。"而后来,一个网

---

① 雷姆森(O.D.Rasmussen)著,1924 年天津法文图书馆(La Libraire Francaise)出版
　许逸凡译,《天津历史资料》(10)天津社会科学院历史研究所编(内部资料),1981 年 4
　月.第 69~70 页。原作者系远东《泰晤士报》驻天津记者。
② 程滨萌.刘少奇周恩来为工人俱乐部捐书.郭长久主编.意式风情街.天津:百花文艺出版
　社,2001.51.

友曾这样写道：广场边的第一工人文化宫，现正按原来的样子重修，过去是意大利回力球场，尽管那儿曾是天津著名的赌场，但也是一个重要的娱乐场所。1949年以后改为工人文化宫，随着岁月的流逝，里面却是越来越没文化，渐渐到了除了无所事事的人去那儿混日子外，正经人是不去那儿文化休闲了。①建筑随着使用功能和使用者的变化而不断发生着改变。

对于住宅而言，其最显著的功能就是居住，因此，对于当时住房非常紧缺的天津来讲就是发挥每所房子的最大容量，地下室、厨房甚至卫生间都被用于居住。地震后，很多租界中的房子也被震塌了，最初带我去圣心堂地下室的那个人家就属于这样，他们原先住在教堂后面的胡同里，说是以前的仓库。那时，天津长期住在"临建"里的人数很多，对于市政府来说，首要的问题就是安置居民的生活。因此，不少租界里的老房子被拆掉了，前面访问过多次的W家、Q家，以及很多人都记得的"孟家大院"等原意租界的深宅大院就是在那时候相继拆建成单元房的。

而后，最早见诸报端的关于"天津意大利风貌建筑"的新闻是1985年1月19日《天津日报》头版的一个短篇《根据建筑物特点整修三个月，民族路恢复意大利建筑风貌》。1986年12月20日《天津日报》头版刊登了《天津列为国家历史文化名城》：报告要求各地做好历史文化名城的保护规划，对这里的文物古迹及具有历史传统特色的街区，城市的传统格局和风貌，传统的文化、艺术、民族风情的精华和著名的传统产品，都要保护。这不禁让我想起《传统的发

①引自网民石映飞云2004年12月27日文章"天津一日游纪事"，http://www.tianyablog.com/blogger/post_show.asp?BlogID=57249&PostID=977596&idWriter=0&Key=0

明》中作者指出的:那些表面看来或者声称是古老的"传统",其起源的时间往往是相当晚近的,而且有时是被发明出来的。[①]在国家历史文化名城的官方网站上对天津的介绍是:天津是我国北方重要的港口贸易城市、交通枢纽。从金、元时起,由于漕运兴盛促进商业繁荣而发展起来。明代在此设卫建城,进一步奠定了古城的基础。保存的文物古迹有天后宫、文庙、广东会馆等。革命遗址有大沽口炮台、望海楼遗址、"义和团"吕祖堂坛口遗址、觉悟社、平津战役前线指挥部等。传统文化艺术有泥人张彩塑、杨柳青年画、天津曲艺等。现存的过去各国租界地的外国式建筑和清末民国初年的别墅式建筑和街道,如同一个近代"建筑博物馆",很有特色。

　　天津政务网,国际交流栏目中有篇题为《海河意式风情区》的文章:

　　　　天津是中国历史上重要的港口,因特殊的历史原因,天津市曾被多国划为租界,拥有欧洲格式特色建筑,其中又以一宫地区的意大利租界内的建筑最为典型,保存得也较完整,是目前国内最大的意大利建筑群落,其建筑和花园广场等都体现了浓郁的意大利风格。

　　　　天津市内的意大利租界始建于 1902 年,于 1945 年结束,共历时 43 年。界内以风格各异、造型独特的西洋古典式建筑为主,是目前亚洲最大的保存尚好的意大利风貌建筑群落。该地域也是历史名宅、名人故居的聚集地;该地区位于天津市河北区,邻近海河和天津火车站,地理位置优越;蕴藏着巨大的历史文化与经济价值。为开发利用这特殊的历史文化资源,天津市人民政府于 1999

---

①[英]E.霍布斯鲍姆,T.兰格著.传统的发明.顾杭,庞冠群译,南京:译林出版社,2004.1.

年起在原意大利租界的中心地区，开发建设意大利风情区，项目涉及"意大利商贸旅游区""意大利工业区"和"意大利主流产品批发展示中心"。

以马可波罗广场为轴心的海河意式风情区，西洋风格建筑云集，历史人文内涵深刻，是意大利本土之外唯一一处意大利近代风貌建筑群，已被国家旅游局确定为优先发展的国内精品旅游项目之一，也是天津市"十五"期间的重点建设项目。经过两年来的发展，风情区建设已取得较大进展，在规划设计、设施更新、配套完善、环境治理、吸引投资、扩大宣传等方面已有了比较明显的效果。

近年来，天津市相继对风情区数十座小洋楼采取了维修、整饰、腾空等保护措施，尤其是斥资二千多万元对梁启超饮冰室进行全面修复并计划将其辟为纪念馆，此举已引起广泛关注，外界好评如潮。饮冰室是意大利近代建筑师欧白罗尼90年前设计建造的。目前，饮冰室的两座建筑和庭院的修复已全部完工，体现了整旧如旧、原汁原味的原则，成为天津保护人文资源的又一次壮举。

为了建设开发好意式风情区，天津市与伦巴第大区都投入了极大的热情。1993年，意大利驻中国事务办事处主任马里奥张来津洽谈"风情区"双方合作事宜。1999年，大区生产部长和交通部长率25人考察风情区，并签署合作建设"风情区"及赠送协议书。2000年，大区举办"风情区"项目说明会，54名意大利建筑师参观

"风情区"。2001 年 9 月，大区帕维亚省省长斯维奥贝雷塔率 16
人访问风情区，洽谈买楼设办事处事宜。2002 年 5 月，意大利风情
节在海河意式风情区举办；河北区副区长姚玉，区长马文举、李德
崇，副市长王述祖多次率团赴伦巴第大区进行风情区项目推介，并
参加天津意大利风情区研讨会、说明会、招商会。

意大利驻华大使保罗布鲁尼在参观过风情区之后表示："天
津能够把曾与意大利交往的历史遗迹完美地保存下来，展现给来
自世界的观光者，这是对历史的尊重，也表现出了天津推动两国
的友谊与合作的强烈愿望。我十分钦佩这种高瞻远瞩的见识和胸
怀。"①

1986 年，原意大利租界被确定为天津历史风貌保护区，但由于
经费、居民住房安置等因素的制约，只是进行了简单的维修和粉刷
等工作。1988 年兴建天津新火车站的时候，对地震毁坏的几个角亭
做了复原，目的是"丰富一宫地区的意式特色景观。"②随着旅游业
的兴起，各方人士都开始行动起来，1998 年河北区政府对原意租界
进行了"旅游开发、招商引资"的可行性研究，1999 年天津市政府正
式批准成立了"天津海河意式风情区管委会"。

对于众多普通百姓来说，很大程度上是出于某种模糊的、目的
并不明确的潜在动机来对待和保护这些建筑的。比如，梁启超旧居
中的部分房屋曾经划归一家街道办的印刷厂，在对旧居进行修复
改造的过程中发现了一件非常有意思的事情：在本来就不十分宽
敞的空间当中，居然开辟出了一个"小展厅"，陈列着一些与梁启超

---

①引自天津政务网：http://www.tj.gov.cn/szf/gjyc.nsf/showxgwz?openform&parentunid=49B8E
　25041BA4FC6C8256DAA0016061F
②郭长久主编.意式风情街.天津：百花文艺出版社，2001.28.

相关的展品；还有当时居住其中的一位女教师，则有意识地保留了房间中的壁柜。还有很多人都收藏有这些建筑的照片、图片等，更多的人则是存留着一份属于自己的特殊的记忆。而 M 姐姐也告诉我，他们家曾经因不堪忍受长期在"公厕"门口做饭的情况，请人在阳台上搭建了厨房，当时自然是比较舒心，但是后来政府要求拆除临街的那些"违章"建筑的时候，他们就发现当初为了建那个小厨房，把阳台原有的"漂亮"的花砖地面都破坏了，"如果是今天，我无论如何都不会去修那个厨房，凿了一个大坑，也没法修补，太可惜了！"她如是说。

第二节 文化遗产保护

    过去的城市和建筑不仅留在人们的记忆中,它们本身也有记忆。就如卡尔维诺(Italo Calvino)所言:"城市像海绵一样吸收着从记忆中间涌的浪潮。对扎伊拉的描绘,即使在如今,也应包含它的整个过去。但是,城市并不讲述它的过去,它像掌纹那样包容过去,将过去书写在街道的角落、窗棂、楼梯的栏杆、路灯灯柱、旗杆之上,反过来,每一个片断都由擦痕、凹口、伤处、残迹而留下标记。"①"历史价值"是遗产保护的重要标准,然而,我们应该如何看待这种"历史价值"呢? 叶廷芳在文章《中国传统建筑的文化反思及展望》中提到了一个例子:柏林市中心那座哥特式的"纪念教堂",二战中被炸得只剩下一身残躯。战后想把它修复,但建筑师却没有动它,而是以一座极不谐调的几何造型的筒子式建筑与之相依而立,既让它成为永久性的文物,又有力地衬托了它的存在,

---

①Calvino, Italo. Le Citia Invisibili. Einaudi,Turin, 1979,p.18~19.

获得一片叫好。①建筑是会令人感动的,历史建筑所记忆的故事则更是令人感动。我以为保护历史建筑或遗迹,并非是保留它那历史的躯壳,更是让生活在今天的人们可以凭借这个物质的存在和历史对话。如何留住城市的记忆,使它们能够和未来进行对话,这应当就是"文化遗产保护"面临的一个重要问题。

一、消费"文化遗产"

"广场站岗的保安说,这里的房价传说中已经是每平方米 3—5 万元。不过我觉得值得,真正的有钱人,如果能拿钱买到 100 年前原版的意式别墅,这钱就花得有价值、有文化、有历史、有品味。"②

人们总是对历史充满了各种各样的想象。因此"文化遗产"在很大程度上是生产出来的。通过对物质实体的保存、修复以及复制,借助于话语的引导,人们在现实中"生产"历史。

中新社天津十月六日电:中国和意大利首次合作开发的大型文化旅游商贸交流项目——"天津意大利风情区"将于近期动工兴建。

据此间《今晚报》报道,即将建设的"天津意大利风情区"位于天津市河北区,东起民生路,西至北安道,南起博爱道,北至进步道,占地约十公顷。

该地区曾是天津近代史上意大利租界地的中心区,拥有亚洲最大、保存尚好的意大利风貌建筑群。这里也是历史名宅、名人故

---

①叶廷芳.中国传统建筑的文化反思及展望.光明日报,2006-9-7.
②这里援引一个网民的题为"one day in 天津(2):意国风情"的帖子,http://xin7.blog.hex-
　un.com/6585362_d.html

修复一新的梁启超故居

居的聚集地，梁启超、曹锟、曹禺等一批近、现代政治、文化名人曾在此居住。

据有关部门介绍，该风情区将把坐落其中的二十五座风貌建筑置换出来，用以完善区内购物、餐饮、娱乐、住宿等功能。区内各街道将开发具有意大利特色的各种产业，如开辟服饰街、皮制品街、旅馆街、餐饮街、娱乐街，开设欧洲油画廊、花卉店、手工艺品店等。

步行街将铺设意大利风格鹅卵石路面和花砖路面，部分建筑按"原汁原味"修整，路灯全部换成欧式造型。个别路段设有轨电车、旅游马车、电瓶车。店外匾牌、建筑门牌、地图标识、电话亭、果皮箱等全部采用意式设计，中、英、意文标示，以充分体现异国情调。

该风情区建设工程今年启动，明后年初具规模，对外开放，力争三至五年内全部建成。①

鲍德里亚早就说过："要成为消费的对象，物品必须成为符号。"②对于本案而言，"意大利风貌建筑""名人故居"等，都已经成

---

①援引新浪转发中新网的新闻：http://news.sina.com.cn/society/1999-10-7/19752.html
②[法]布希亚.物体系.林志明译.上海：上海人民出版社，2001.223.

为一种符号化了的隐喻，成为了人们消费的对象。

梁启超故居是意租界最早被"挂牌"的名人故居。由于历史的原因，居住在租界里的人似乎都有些"不光彩的"背景，因此，哪些人应该被列入名人是很有争议的问题。在2004年公布的"河北区38处不可移动文物类建筑"几乎全都为租界建筑。[①]当时这些建筑尚未定为文物保护单位，名单中原属于意租界的故居有曹禺、华世奎、刘髯公、鲍贵卿、杨以德、张鸣岐、程克，等等。近2、3年这些建筑都相继挂上了各级"文物保护单位"的牌子，并配有相应的介绍。对于梁启超、曹禺、华世奎、刘髯公等"名人故居"大家几乎没有过异议，但是其他人就不同了，有人还持坚决反对的态度，而政府相关部门对此也很犹豫，于是就采取了避重就轻的策略，比如，在抗日战争后被当作"汉奸"处死的张鸣岐旧宅的介绍中是这样写的：张鸣岐(1875—1945)，字坚白，山东无棣人。清末举人，初为幕僚，后出任广西布政使、广西巡抚、两广总督兼广州将军等职。[②]该建筑之前还曾被用作"意式风情区管委会筹委会"的办公室。

"意大利"这个符号也是被消费的对象，就像当初人们去租界看"西洋景"的某种心情类似，很多人是带着对意大利的憧憬来此参观的，因此这个国家的名称就成了特别要提及的符号，就如我们现在很多遗产保护项目所强调的"原汁原味"那样。于是，现在"风情区"的几条重要道路改成了"石钉路"，所谓"石钉路"就是用十厘米见方的石钉铺成的路面。对此，当年居住在那里的居民说："以前根本就不是这种路面，是洋灰和也不知道是什么混合成的，长方形

①今晚报,2004-8-23(2).
②天津市国土资源和房屋管理局编.天津市历史风貌建筑概况.2005.18.

刘髯公旧居门前的挂牌

的，中间夹着木条，可结实了，他们根本就没见过，根本就不懂！"而设计者如是说："我走访了很多意大利的城市，发现这种路面最能体现意大利风情。"我为此也访问过清华大学近代建筑研究的教授，他笑着说："这没有道理啊！"他认为租界建筑因为是在中国土地上建造的，并非完全西方的东西，我理解他的意思应该是"已经经过本土化"了的，所以他非常反对。而对于最大多数的消费者来说，什么又是他们所希望看到的呢？

"到意租界的马可·波罗广场，即现在的第一工人文化宫旁。很高兴，广场中心那座高逾十米的石柱及柱顶的展开双翼作飞翔状的和平女神像，在被砸毁四五十年后，现在又重新恢复了。这座柱式雕像本是'一战'后意大利人宣扬自己的赫赫战绩并希望不再重开战火的纪念物，现在予以恢复，可见天津人头脑也解放了许多（但前述法国花园

保存完好的"意式风貌"建筑

就没有这运气）。广场周围那楼顶带凉亭的很有意大利风格的建筑十分美观，来天津看洋楼，决不能不看看它们。"[1]"小洋楼"成为了人们游览天津的一项重要内容。

二、保护、破坏还是创造？

与当下许多中国城市中的旧城改造项目面对的问题类似，"拆"成为一个恐怖的符号，每当我们看见一个大黑或红圆圈中的这个大字的时候，心中总难免感到有些肃然。天津的"意式风情区"项目也是如此。2004年，该项目开始大批腾迁之时，曾发生"天津市意式风情区百余户居民对拆迁行为的质疑"的事件。[2]这些市民自发组织，聘请律师，向开发商提出了八条质疑。作为房屋的使用者或所有者，他们最关心的是居住权和产权的问题。

此外，单就"遗产保护"而言，也存在着一些质疑：

意租界现正大兴土木，要搞成一个意大利风情区。但我发现除了那些达官名流的旧居和最有特色的建筑予以保留了外，普通百姓住的成排的意式楼房便统统在拆毁之例。我担心，意式风情区，将来只看到几个名人故居的点外，看不到风情区的片，那还叫风情区吗？而且，有好些旧建筑现在粉饰一新，新到足与现代建筑媲美的地步，意式小洋楼的旧风貌，丧失多多，不能不让人引以为憾。

意租界值得一去的重要地方是梁启超的故居及饮冰室。所

---

①引自网民石映飞云 2004 年 12 月 27 日文章 "天津一日游纪事"，http://www.tianyablog.
　com/blogger/post_show.asp?BlogID=57249&PostID=977596&idWriter=0&Key=0
②http://re.icxo.com/htmlnews/2004/05/24/223533.htm

幸前几年我在饮冰室还是居民大杂院的时候，去拍了一张旧照片，从那上面能看出它的苍桑。但现在已被修饰一新，整洁、明亮、带着几分豪华，完全没有什么书香气息。里面我也没进去过。这回得以与朋友们第一次进去参观。冬天的寒冷让人缩头缩脑，进到那里面后，更是叫我们"心头拔凉拔凉的"，连旧时的木楼梯，现在也做成了光滑冰冷的大理石阶梯。饮冰室，果然名不虚传，跟个冰窖似的，阴冷得要命。讲解员们是不在展室中待的，她们在售票处的热乎房子里坐着打瞌睡，因为门可罗雀，我们的到来，才使她们也不得不穿着大衣同去饮冰室里感受冰凉。没有人气的地方，必然阴冷，何况展室里展品很少，室内空旷，愈发显得凉气逼人。"饮冰"一词取义于《庄子》："今吾朝受命而夕饮冰，我其内热与？"我们心里说，梁先生你当年是"内热"了，既要忧国忧民，还要应付家庭。今天我们在这里却丝毫没感觉到你当年的"内热"。①

　　价值评判标准问题文化遗产保护的灵魂，就"意式风情区"的保护与改造项目来说同样如此。问及有关的负责人拆与留的标准，回答说，主要是根据房屋建筑实体的保存状况来决定，但"曹禺故居"这样的就属例外了。

　　曾经访问多位积极主张文化遗产保护的专家、学者及社会精英。令我感到惊讶的是，他们对目前在很多保护项目的具体实施都持坚决反对的态度。原因何在？首先，谁是评判文化遗产价值的主体？由于租界建筑有它的历史复杂性，因此，主体应当是当时的建

---

①引自网民石映飞云 2004 年 12 月 27 日文章"天津一日游纪事"，http://www.tianyablog.
　com/blogger/post_show.asp?BlogID=57249&PostID=977596&idWriter=0&Key=0

造者？是产权的拥有者？还是后来的使用者？或者开发商？政府？专家？这都是我们应当考虑的问题。就我所知，该项目有一个政府牵头组织的评估小组，成员包括官员、开发商、历史学者、建筑学家及文物保护专家等。

其次是如何保护的问题？为了使该"风情区"尽可能的保有"意大利"味道与品质，专门聘请了意大利方面的一家公司参与实施。对此，向来有古建修复传统的意大利方面自然是非常乐意，2005年1月，一个题为"意大利——天津之路"的展览在意大利使馆文化处举办，展览的主题之一就是天津"意式风情区"。2005年5月底，由意大利纪念马可·波罗750周年诞辰委员会协同意大利文化使馆处、罗马大学和清华大学在清华大学举办的"意大利和中国对于纪念性建筑以及城市的修复"研讨会上，分别由两家意大利公司就"天津原意大利租界建筑及主要街道的修复项目"和"天津原意大利租界的城市修复项目"进行了主题发言，同时又一次展出了"天津之路"的图片。

文化遗产保护应当说是一种"创造性"的文化实践。然而，如果我们借用夏铸九曾根据台湾的殖民经验多次提出"创造性破坏"(creative destruction)与"破坏性创造"(destructive creation)的说法，①就不难发现其中存在的问题。对于天津的租界来讲，无论出于何种原因，应该说没有人希望真正"恢复"到它的"原貌"，但都心怀一种"原汁原味"的理想，"修旧如旧"是当前文化遗产保护工作强调的一个标准，在租界建筑的保护中，我们如何来把握这种"新旧"

①夏铸九.公会堂与大稻埕南街——殖民城市的中心广场与反殖民城市的对抗性都市空间狭缝.李陀、陈燕谷主编.视界(第8辑).河北教育出版社,2002.36.

之间的标准呢？"文化再生产"是布尔迪厄提出的一个重要概念。他指出"再生产"是一个动态的过程，在承认人是社会、文化产物的同时，强调人的"实践"，人们通过实践施展能动性，不断创造出文化中的新内容。如果我们能够以这样一种动态的、双向度的观点来考察社会文化变迁，在这样一种具有能动性的变迁中把握文化遗产的保护，是不是会更加理想呢？

最后，为什么保护的问题，也是不应当回避的。有观点认为，租界是中国近代史上的一个耻辱，我们一定不应该忘记历史，应该把租界当作展示"爱国主义"历史的地方来进行保护，而事实也证明了这一点，"意式风情区"中诸如"原意国领事馆""意国兵营"等都挂有"爱国主义教育基地"的牌子；也有人认为我们不应该总停留在历史的阴影中，应该把它建设成为"中外文化交流"的平台；还有人主张开发成高级的时尚休闲消费区；也有一个老奶奶对我说："我觉得啊，拆也多余，建也多余！"老人家的话很短，但意味深长。

结 语

从「租界」到「风情区」

伯利恩特·希勒通过自己对"马希坎—摩拉维亚"的个案研究质疑了以往人类学关于"建筑是人类社会文化的反映"的假设。对于殖民建筑而言，由于最初是在空间观念及各种生活习惯和习俗几乎完全不同的文化环境中进行的建造，而后，在主权归属发生改变后又几乎与其植入文化间失去了联系，因此，如果仅凭对租界建筑的形式以及建造技术的研究是不够，甚至会存在偏差。同时，亦如马林诺夫斯基指出的那样："这种社区（殖民区）绝对不是对殖民者家园的母社区的复制。"①租界一定不是对租界当局的祖国的复制，天津的意大利租界也绝对不是一个微型意大利城市的"克隆"版。由于文化具有整体性，一旦将某种文化单元或要素抽离其原来的环境，必然会产生变异，当它在新环境中扎根的时候，也同样会受到来自于自然环境与当地文化环境以及其他方面因素的牵制。以天津意租界为例，由于最早设立租界的英、法、日、德、俄等国已经先于意大利占据了海河沿岸的南段，意大利只能在当时可能的情况下做出选择，而这一地段也就决定了其建设规划的一些必然

————————

① Malinowski, Bronislow, The Dynamics of Culture Change, Yale: Yale University Press, 1945, p. 15.

2006"中意文化年"宣传画

性。我以为并非有些观点认为的那样，意大利是有意将其租界规划、建造为住宅区的。因为租金是资本主义获取利益的一个相当重要的手段。而正如芒福德在《城市发展史》中指出的那样，"新上台的意大利寡头政治集团是第一个按照商业簿记原理来管理它的财政的——今天，在欧洲，每一个首都都可看到意大利的税收专家和理财能手。"①1908 年颁布的《章程》中规定："意大利租界的所有地产主和土地承租人每年必须预付税金每亩1.5 两。"②另外还规定有土地税："每亩一年 3 两。"房产税："房租的 3%。""店铺、旅馆、戏院、小贩等，税收按其经营规模和性质确定。"③因此，意大利人没有理由拒绝商业，而后来修建的"意商回力球场"则是最好的证明。我认为，更可能的原因是当时城市的空间状况造成的一种"不得已"。

沈亦云在回忆录中谈到自己在天津租界中的生活经历时说："住租界诚可痛可耻，不得已而为之，我对之都茫然，而这次不得不在租界觅屋。"当时，对于很多人来说选择住在租界也是一种"不得

---

①[美]刘易斯·芒福德著.城市发展史.北京:中国建工出版社,2005.381.
②中国社会科学院近代史研究所《近代史资料》编辑部编.天津租界市政章程法规选.北京:中国社会科学出版社,1998.153.
③中国社会科学院近代史研究所《近代史资料》编辑部编.天津租界市政章程法规选.北京:中国社会科学出版社,1998.160.

已"之事,她还写道:"这是我们在中国第一次住有自来水浴室的房子。"①对于中国人来说,各种"不得已"使得租界从一开始就带有一种"矛盾"的情绪化表征,而这种表征在不同的历史时期,随着国家意识形态和政治话语的导向而游弋在矛盾的两极之间,这种极端的矛盾性在"文革"期间的动乱和近年来的旅游经济的发展中得以突现。本文的研究表明,不论是矛盾本身还是它们的转变,政府和民众之间都存在着差异,而不同阶层的民众之间也存在有差异。从表面上看,民众在其中都充当了被支配的角色,属于"沉默的大多数",但从具体的事件来看,他们一定是在利益权衡的情况下有所取舍,尽可能地争取最大的利益,当然,不同利益群体有不同的考虑,不同个体也有不同的表现。

一、租界建筑的"美"和"丑"

当年梁思成先生曾深恶痛绝地写道:"这一百零九年可耻的时代,赤裸裸地在建筑上表现了出来。"②但我不知道,如果可以面对今天天津原意大利风貌建筑的保护、整修项目,他自己作为一个曾经居住生活在租界的居民,又是如何看待这个问题的。

就整体规划来看,租界的确是试图彰显其母国作为"胜利"国的一种权力以及"先进"文化的一种空间。在天津原意租界基本属于长方形的771亩的空间中,从北至南分别设立有领事馆、工部局、教堂、医院、小学、邮电局、菜市、广场、花园等。然而,尽管这些

---

① 沈亦云.天津三年.天津文史资料选辑(41).天津市政协文史资料研究委员会编.天津人民出版社,1987.174.
② 梁思成著.梁思成全集(第五卷).北京:中国建筑工业出版社,2001.57.

建筑和空间明显具有来自西方城市空间的种种象征性，但是它也需要有接受那些象征信息的"场"。对于租界建筑这种外来的文化单元而言，其建造者所赋予它的象征意义，与当地人接受到的意义之间是存在差异的。比如说广场，那是意大利人社会生活的重要空间，他们也因此把它带到了中国，在广场中心还建造了石柱铜质塑像。但广场在中国人的社会生活中并没有意大利人的那种意义，因此广场在天津的意租界被转换成了"铜人"，而原本象征胜利的女神，被中国的风水观念消解转化成了一种"不吉利"的指向，并且对当地人的日常生活产生了干扰。因此，如果我们单从建筑的物理空间与物质实体方面来分析租界建筑，一定是不够的。

就生活在"小洋楼"里的中国人来讲，由于租界的整体环境、配套的基础设施以及市政管理等优于华界，同时，依附于"洋人"，还可以享受到诸如"治外法权"等特权，因此必然有种优越感和安全感，这是人们藉由建筑空间而享有的权力和象征以及实在的资本，但其前提是必须具备相当的政治、经济基础的人才有可能享有那种空间。就如布尔迪厄所提出的行为者在社会空间中被分配的法则：在第一个向度上，根据他们拥有的资本总量；在第二个向度上，根据他们的资本结构（经济、文化等）。①近代中国，租界是有别于城市中的其他空间而特别规划建造起来的"城中之城"。选择居住在租界的人们根据其政治、经济及社会地位进行了一种新的组合，从而形成了一个以"小洋楼"为认同纽带的"新"群体，这一群体与其所居住的建筑互为主体构建起了一种不同于传统中国的"西洋"景

---

①[法]彼埃尔·布尔迪厄.社会空间与象征权力.包亚明主编.现代性与空间的生产.上海：上海教育出版社,2003.298.

观,这其中不仅包含了经济上的富足,同时还是文化上的"进步"
——现代化的生活方式与西方的审美相结合,当然,它们又一起搭
建起了一个权力的舞台,这舞台高低错落,随着不同的场景变换着
位置。"小洋楼"随着后来使用者以及用途的变化也进行着角色的
转换,时而"美"时而"丑"。

应该说,布尔迪厄所提出的"非经济资本"理论为本课题的研
究指示了一个方向,而他的"场域"理论则提供了分析的土壤。他将
资本分为三种基本形式:经济、文化和社会,认为它们分别属于不
同的场域, 每种资本结构中都存在着一种权力的支配与被支配关
系,也就是具有自己独特的一套等级秩序。三种资本之间可以相互
转换,但并非一种对等的关系。以布尔迪厄的逻辑来分析福柯提出
的"建筑的权力",我们首先应该明确布尔迪厄的"场"并不是一个
边界固定的"空地",它是一种内容复杂的"网络结构"。不同的社会
历史阶段的时空场不同,经济、文化和社会"场"则会与不同的"时
空场"发生作用,因此我们就看到,不同时期人们的经济、文化及社
会价值评判标准不同,由它们聚合而成的权力也就会发生转移,同
样,权力又通过"再生产"创造新的资本,在这种权力与资本的互动
中,建筑的意义不断的生成并加以转换。

那么, 我们又如何来理解和解释与租界建筑意义共生的那种
"美"和"丑"呢? 关于美,罗伯特·莱顿(Robert Layton)在《艺术人类
学》中有过这样的论述:"《简明牛津字典》对此毫无用处。根据《简
明牛津字典》,美可以被定义为'美感知学的科学或鉴赏哲学'或
'美的感知学'。如果(正如我们不假思索而做过的那样)我们依赖
美学标准去认知文化中的艺术品,那么我们就会面临两个问题,同
自尊的人类学家一样, 我们不能假设从一开始全世界的人就都使

用和我们一样的标准。哪怕是在我们自己的历史上,艺术形式也发
生过根本的改变。"①布尔迪厄则提出了一个有关鉴赏的"品味"问
题。他指出:"一种日益包容参照自身历史的艺术需要历史地来感
受,它要求的不是把它归入外在参照物,即被表征或标识的'现
实',而是归入由过去及现在的艺术作品构成的世界;正如艺术生
产在某一场域里生成那样,审美感受必然是历史性的,因为它是有
差别的,又是相关联的,强调形成风格的差别(écarts)。"②就天津的
租界建筑而言,我们不仅要在其建造的历史过程中考察它们,同时
也必须在历史的变迁中审视它们的"美"和"丑",美与丑的边界是
流动的,而不是简单切换的。

二、文化遗产的"发明"

霍布斯鲍姆(E. Hobsbawm)用他的个案向我们阐述了传统是
如何被"发明"出来的③,在此,我想借用他的"发明"观点来讨论文
化遗产的问题。

历史上,在中国最著名的意大利人当属马可·波罗和利玛窦,
但似乎他们之于中国的名气在欧洲要早于中国,中国人只是相当
晚近才对他们有了解。由于近代中国的"锁国"政策,使得国人对于
西方的了解本来就被动,而对于大多数中国的普通百姓来说就更
是被动之被动。到了 19 世纪晚期,西方人不请自来地大炮挟带鸦

---

①Layton,Robert,The Anthropology of Art.-2nd.ed, Cambridge University Press,1991. p. 12
②Bourdieu, Pierre, Distinction: A Social Critique of the Judgement of Taste, translated by
　Richard Nice, Campridge: Harvard University Press. 1996. pp.3~4.
③[英]E.霍布斯鲍姆、T.兰格.传统的发明.顾杭、庞冠群译.南京:译林出版社,2004.

片以及各种具有"现代化"标志的"洋货"闯入中国的时候，我相信
绝大多数中国人依然分不清楚意大利人与其他"洋人"有什么区
别，而对意大利这个国家则更为陌生。白佐良在《意大利与中国》中
引述了一个有趣的事例，他发现在一部连载的中国小说中（1903
年），一个意大利采矿工程师竟然充当了主角，"在中国数千年的文
学史上，意大利人被当作一篇文学作品的主角，这还是首次。"①在
大致叙述了小说的相关内容后，作者总结道："这个故事只是当时
中国社会全景中的一个片断，作者通过全书50余章的非凡的描写
加以介绍。书中，西方人成了中国多元现实的一个方面：从各方面
看，他们都可以说是一个社会群体，他们周围有官员、商人、娼妓等
等，这些人物在中国现实中所扮演的角色，在当时的文学作品中多
有讽刺性的描写。小说中外国人被描写成一个爱挑毛病的人，好找
麻烦的人，傲慢，动不动就要求赔偿，生来就有一种文化和种族的
优越感：所有这些方面，很不受中国人和中国官员的欢迎。但是，人
们怕外国人，认为他们有魔术般的武器，能扰乱祖传下来的日常生
活。如果一个官员为处理公务与他们打交道时，最糟糕的是与他们发
生摩擦，那他就一定遇到麻烦了，要灾难临头了，他的前程也就危险
了。"②作者随后猜测小说的作者为何偏偏挑选了意大利人作为"洋
人"的代表，他认为是"想避免意想不到的批评"。也就是说，当时很
多人并没有把意大利划归到对中国构成直接"威胁"的西方国家
中。

随着越来越多关于西方的知识文化传入中国，伴随着对意大
利文艺复兴的了解，中国人开始对意大利的艺术、建筑、美食和美

①[意]白佐良，马西尼.意大利与中国.萧晓玲，白玉崑译.北京：商务印书馆，2002.269.
②[意]白佐良，马西尼.意大利与中国.萧晓玲，白玉崑译.北京：商务印书馆，2002.275~276.

景充满了向往,许多中国人踏上了寻觅欧罗巴文明的旅程。康有为在 1904 年访问了意大利之后,写下了著名的《意大利游记》。意大利,作为一个孕育了伟大的欧洲文明的国度,受到包括中国人在内的全世界的尊敬是无可厚非的。在我的采访中,一位阿姨还向我讲述过自己父亲早年(1937)去欧洲游学期间专程去意大利游览的片断,她至今还记得当年父亲从威尼斯带回国的一个锡质的小"贡多拉","是银灰色的,很软,上面的小人还可以来回扳动,小棚子是活的,可以取下来,特别好玩儿。就放在我父亲的书桌上。"但我在此要说的是,这一切并不能够使我们忽略或者美化意大利在近代,作为西方帝国主义一分子对中国进行的一系列殖民活动, 其中包括租界那些"意大利风格"建筑的建造。

就目前对于中国历史建筑的保护来说,出于各种原因,使得相当数量的殖民时期租界建筑存留至今,这不仅对历史建筑的保护问题是一种新的挑战——从设计建造模式、材料的使用以及技术等方面,而且也是对我们看待历史的态度的一种考量。在不同的历史时期, 人们使用不同的尺度对这些历史建筑进行着丈量。天津历史上从未有过什么"意大利风情区",因此也就无所谓"恢复"。今天要将其修建成"风情区",这既不是一种历史的"恢复",也不是对历史的"遮掩",而是一种文化再生产过程中的"创造"或"发明"。正如萨林斯(M. Sahlins)所述:"人类行动的世俗环境没有不可或缺的义务, 必然要符合特定的人们用以理解它们的范畴。如果它们不符合,公认范畴将在实践中被潜在地重新估价,在功能上被重新界定。"[①]对于曾经的租界而言,历史就是历史,我们既

---

① [美]马歇尔·萨林斯.历史之岛.蓝达居等译.上海:上海人民出版社,2003.325.

不能够假设也不能够改变，但是，我们却可以培养一种理解历史的精神。

文化遗产是历史对于人类的馈赠，它从来没有规定人类应该怎样去继承。文化是一个不断变动着的整体，人类是在一种不断转换的角度中回望过去的。历史曾经给不同民族之间留下很多遗憾和伤痛，当人们有一天能够坦然面对这些伤痛和遗憾的时候，说明这个民族已经足够强大，强大到包容自己曾经的敌人，包容自己经历过的羞辱。

并不是说，所有历史留下来的东西就都是应该保存下去的，如果那样，人类社会和文化不会有今天和明天。对遗产的再利用可能是继承和保护人类文化最好的办法，但是谁应当是做出这种选择的主人和受益者？当巴黎人在诅咒"巴黎已经不是巴黎人的巴黎"时，天津过去的租界也发出了类似的声音，可是，要比界定谁才是真正的巴黎人更为复杂，谁应当是天津原租界的"主人"？就如我们应当以历史的精神来对待历史一样，"传统性价值与意向性价值之间、互为主体性的意义与主体的利益之间、象征性意义与象征性参照之间都展现出一种不协调性，在这种不协调性的作用下，历史过程展示为一种结构的实践与实践的结构之间持续不断又相辅相成的运动。"①

"修旧如旧"与"原汁原味"就只相差那么一点点？当开发商特意请来外国古建专家参与修复工作的时候，人们却发现中国的外国租界从来就是"中国的"，所谓的"纯正"西洋风格也不过是大家的想象。历史可以重来吗？如果不可，那么我们希望通过"文化遗

---

① [美]马歇尔·萨林斯.历史之岛.蓝达居等译.上海：上海人民出版社，2003.332.

产保护"留住的是什么呢？但是，如果它们可以让人们记住一些教训，可以给人们带来一丝温暖，以及享受历史的快感的话，我们有什么理由拒绝它们呢？而与此同时，那位老人家的话却一直萦绕在我的脑海："拆也多余，建也多余。"

参考文献

（一）外文部分

1. Amerlinck, Mari-Jose ed., 2001, Architectural Anthropology, Westport: Bergin & Garvey.

2. Appadurai, Arjun, 1996, Modernity at Large, Minneapolis & London: University of Minnesota Press.

3. Bhabha, Homi, 1994, The Location of Culture, London; N.Y.: Routledge.

4. Bourdieu, Pierre, 1996, Distinction: A Social Critique of the Judgement of Taste, translated by Richard Nice, Campridge: Harvard University Press.

5. Carsten, Janet and Stephen Hugh-Jones ed. , 1995, About the house : Lévi-Strauss and beyond, Cambridge; New York: Cambridge University Press.

6. Chen, Xiaomei, 2002, Occidentalism: a theory of counter–discourse in post–Mao China / New York : Oxford University Press.

7. Douglas, Mary, 2003, c1979, The world of goods : towards an anthropology of consumption , London ; New York : Routledge.

8. Douglas, Mary ed. , 1973, Rules and meanings : the anthropology of everyday knowledge, Harmondsworth, Eng. : Penguin Education

9. Douglas, Mary, 2002, Purity and Danger, London and N.Y.: Routledge.

10. Elvin, Mark and G. William Skinner ed., 1974, The Chinese City Between Two Worlds, Stanford, California: Stanford University Press.

11. Fox, Richard G. ed., 1991, Recapturing Anthropology: Working in the Present, Santa Fe, New Mexico: School of American Research Press.

12. Held, David and Anthony McGrew ed. , 2000, The Global Transformations Reader: An Introduction to the Globalization Debate, Cambridge: Polity Press.

13. Isaacs, Harold Robert, 1985, Re–encounters in China: Notes of A Journey in a time capsule, Armonk, N.Y.: M.E. Sharpe Inc..

14. Layton, Robert, 1991, The Anthropology of Art （2nd ed.）, UK: Cambridge University Press.

15. Lefebvre, Henri, 1991, The production of space, ?translated by Donald Nicholson –Smith, Oxford, OX, UK ;?Cambridge, Mass., USA :?Blackwell.

16. Jun Jing, 1996, The temple of memories : history, power, and

morality in a Chinese village,Stanford, Calif. : Stanford University Press.

17. Thomas, Philip, 1998, "Conspicuous Construction: Houses, Consumption and 'Relocalization'in Manambondro, Southeast Madagascar", in Journal of the Royal Anthropological Institute, Vol.4(3).

(二)中文部分

1.《天津近代建筑》编写组编著,1990,《天津近代建筑》,天津:天津科学技术出版社。

2.《文化资产、古迹保存与社区参与研讨会论文集》,1996,台湾:行政院文化建设委员会印。

3. [英]阿尔布劳(马丁·阿尔布劳)著,2001,《全球时代》,高湘泽等译,北京:商务印书馆。

4. [美]安德森(本尼迪克特·安德森)著,2005,《想象的共同体》,吴叡人译,上海:上海人民出版社。

5. [美]奥罗姆(安东尼·奥罗姆)、陈向明著,2005,《城市的世界》,曾茂娟等译,上海:上海人民出版社。

6. [意]巴尔齐尼(路易吉·巴尔齐尼)著,1986,《意大利人》,刘万钧等译,北京:生活·读书·新知三联书店。

7. [意]白佐良、马西尼著,2002,《意大利与中国》,萧晓玲、白玉崑译,北京:商务印书馆。

8. 包亚明主编,1997,《权力的眼睛——福柯访谈录》,严锋译,上海:上海人民出版社。

9. 包亚明等著,2001,《上海酒吧:空间、消费与想象》,南京:江苏人民出版社。

10. 包亚明主编,2001,《后现代性与地理学的政治》,上海:上海教育出版社。

11. 包亚明主编,2003,《现代性与空间的生产》,上海:上海教育出版社。

12. [德]贝克(乌尔里希·贝克)等著,2001,《自反性现代化》,赵文书译,北京:商务印书馆。

13. [法]布希亚(尚·布希亚)著,2001,《物体系》,林志明译,上海:上海人民出版社。

14. [法]布迪厄(皮埃尔·布迪厄),2003,《实践感》,蒋梓骅译,南京:译林出版社。

15. 常青编著,2003,《建筑遗产的生存策略:保护与利用设计实验》,上海:同济大学出版社。

16. 陈志钢编著,2001,《江南水乡历史城镇保护与发展》,南京:东南大学出版社。

17. 褚晓琦著,2005,《近代上海菜场研究》,《史林》2005 年第 5 期。

18. 范可著,2005,《"再地方化"与象征资本》,《开放时代》2005 年第 2 期。

19. 范文兵著,2004,《上海里弄的保护与更新》上海:上海科学技术出版社。

20. 方可著,2000,《当代北京旧城更新:调查·研究·探索》,北京:中国建筑工业出版社。

21. 费成康著,1991,《中国租界史》,上海:上海社会科学出版社。

22. 费孝通,[法]德里达等著,2003,《中国文化与全球化》,南京:江苏教育出版社。

23. 费孝通主编,1999 (2003 重印),《中华民族多元一体格局》,北京:中央民族大学出版社。

24. [美]费正清编,1998,《剑桥中华民国史(上下卷)》,杨品尔等译,北京:中国社会科学出版社

25. 冯骥才著,2004,《记忆天津:2004 天津建城 600 年》,杭州:浙江摄影出版社。

26. [英]弗里斯(比戴维·弗里斯比)著,2003,《现代性的碎片》,卢晖临等译,北京:商务印书馆。

27. [美]弗利德曼(乔纳森·弗利德曼)著,2003,《文化认同与全球性过程》,郭建如译,北京:商务印书馆。

28. 高仲林主编,1990,《天津近代建筑》,天津:天津科学技术出版社。

29. 高宣扬著,2004,《布迪厄的社会理论》,上海:同济大学出版社。

30. [美]格尔茨(克利福德·格尔茨)著,1999,《文化的解释》,纳日碧力戈等译,上海:上海人民出版社。

31. 龚书铎著,1997,《中国近代文化探索》,北京:北京师范大学出版社。

32. 顾军,苑利著,2005,《文化遗产报告:世界文化遗产保护运动的理论与实践》,北京:社会科学文献出版社。

33. 郭长久主编,2001,《意式街风情》,天津:百花文艺出版社。

34. 郭凤岐总编纂,1996,《天津通志,附志·租界》,天津:天津社会科学院出版社。

35. 郭小东著,2004,《原意租界的改造设想》(硕士论文),天津:天津大学。

36. [法]哈布瓦赫(莫里斯·哈布瓦赫)著,2002,《论集体记忆》,郭金

华译,上海:上海人民出版社。

37. [德]海德格尔著,2004,《人,诗意地安居》,郜元宝译,上海:上海
远东出版社。

38. 何如著,2003,《记忆的形式:使用状态的历史建筑改造与再利
用[硕士论文]》,上海:同济大学。

39. 黄琼、王峥著,2005,《从天津原意租界改造看历史街区的保护
性开发》,天津:《城市环境设计》2005 年第 1 期。

40. 黄应贵主编,1995,《空间、力与社会》,台北:中央研究院民族学
研究所。

41. 黄应贵著,2002,《时间、历史与记忆》,《广西民族学院 (社哲
版)》2002 年第 5 期。

42. [英]霍尔(斯图尔特·霍尔)编,2003,《表征》,徐亮等译,北京:商
务印书馆。

43. 荆其敏等编著,1998,《天津的建筑文化》,天津:天津大学出版社。

44. [美]卡斯特(曼纽尔·卡斯特)著,2003,《千年终结》,夏铸九等
译,北京:社会科学文献出版社。

45. [美]卡斯特(曼纽尔·卡斯特)著,2003,《认同的力量》,夏铸九等
译,北京:社会科学文献出版社。

46. [美]康纳顿(保罗·康纳顿)著,2001,《社会如何记忆》,纳日碧力
戈译,上海:上海人民出版社。

47. [英]克朗(迈克·克朗)著,2003,《文化地理学》,杨淑华、宋慧敏
译,南京:南京大学出版社。

48. [美]拉普普著,1979,《住屋形式与文化》,张玫玫译,台北:境与象
出版社。

49. 来新夏主编,1987,《天津近代史》,天津:南开大学出版社。

50. 来新夏主编,郭凤岐编著,2004,《天津的城市发展》,天津:天津古籍出版社。

51. 来新夏主编,杨大辛编著,2004,《天津的九国租界》,天津:天津古籍出版社。

52. [英]莱顿(罗伯特·莱顿)著,2005,《他者的眼光》,蒙养山人译,北京:华夏出版社。

53. 李保峰、张卫宁著,1999,《租界建筑的保护和更新》,《新建筑》1999年第6期。

54. 李海清著,2003,《中国现代建筑转型》,南京:东南大学出版社。

55. [美]李欧梵著,2001,《上海摩登:一种新都市文化在中国1930—1945》,毛尖译,北京:北京大学出版社。

56. 李益彬著,2003,《租界与近代中国城市市政早期现代化》,《内江师范学院学报》2003年第3期。

57. 梁思成著,2001,《梁思成全集》,北京:北京建筑工业出版社。

58. [法]列维–斯特劳斯著,1992,《面具的奥秘》,知寒等译,上海:上海文艺出版社。

59. [美]林奇(凯文·林奇)著,2001,《城市形态》,林庆怡等译,北京:华夏出版社。

60. 刘东主编,2003,《中国学术》(总第13辑),北京:商务印书馆。

61. 刘海岩著,2003,《空间与社会:近代天津城市的演变》,天津:天津社会科学院出版社。

62. 刘敬坤、邓春阳著,2000,《关于我国近代租界的几个问题》,《南京大学学报(社科版)》2000年第2期。

63. 刘敏著,2003,《青岛历史文化名城价值评价与文化生态保护更新[博士论文]》,重庆大学。

64. 刘晓春著,2003,《仪式与象征的秩序:一个客家村落的历史、权利与记忆》,北京:商务印书馆。

65. [美]流心著,2005,《自我的他性:当代中国的自我谱系》,常姝译,上海:上海人民出版社。

66. 陆地著,2004,《建筑的生与死:历史性建筑再利用研究》,南京:东南大学出版社。

67. 罗钢、刘象愚主编,1999,《后殖民主义文化理论》,北京:中国社会科学出版社。

68. 罗钢、王中忱主编,2003,《消费文化读本》,北京:中国社会科学出版社。

69. 罗澍伟编著,2005,《引领近代文明:百年中国看天津》,天津:天津人民出版社。

70. 罗澍伟编著,2004,《天津的名门世家》,天津:天津古籍出版社。

71. 罗澍伟主编,1993,《近代天津城市史》,北京:中国社会科学出版社。

72. 罗澍伟著,2000,《天津史话》,北京:社会科学文献出版社。

73. 罗小未主编,2002,《上海新天地——旧区改造的建筑历史、人文历史与开发模式的研究》,南京:东南大学出版社。

74. 罗哲文著,2003,《罗哲文历史文化名城与古建筑保护文集》,北京:中国建筑工业出版社。

75. 麻国庆著,1999,《家与中国社会结构》,北京:文物出版社。

76. [美]马尔库斯(乔治·E. 马尔库斯)、米开尔·M.J.费彻尔著,1998,《作为文化批评的人类学:一个人文学科的实验时代》,王铭铭,蓝达居译,北京:生活·读书·新知三联书店。

77. [美]芒福德(刘易斯·芒福德)著,2005,《城市发展史》,宋俊岭、倪文彦译,北京:中国建筑工业出版社。

78. [美]摩尔根(路易斯·亨利·摩尔根)著,陈观胜校,1985,《美洲土著的房屋和家庭生活》,李培茱译,北京:中国社会科学出版社。

79. [南非]乔纳森·A.诺堡著,2005,《建筑与文化认同》,《世界建筑》2005年第6期。

80. [德]齐美尔(齐奥尔格·齐美尔)著,2001,《时尚的哲学》,费勇等译,北京:文化艺术出版社。

81. [英]钱尼(戴维·钱尼)著,2004,《文化转向:当代文化史概览》,戴从容译,南京:江苏人民出版社。

82. 阮仪三、王景慧等著,1999,《历史文化名城保护理论与规划》,上海:同济大学出版社。

83. 阮仪三著,2003,《护城纪实》,北京:中国建筑工业出版社。

84. 阮仪三、林林著,2004,《城市文化遗产保护的原真性》,《城乡规划》2004第4期。

85. [美]萨林斯(马歇尔·萨林斯)著,2003,《历史之岛》,蓝达居等译,上海:上海人民出版社。

86. 尚克强、刘海岩主编,1996,《天津租界社会研究》,天津:天津人民出版社。

87. [美]施坚雅主编,2002,《中华帝国晚期的城市》,叶光庭等译,北京:中华书局。

88. 司敏著,2004,《"社会空间视角":当代城市社会学研究的新视角》,《社会》2004第5期。

89. [美]斯沃茨(戴维·斯沃茨)著,2006,《文化与权力:布尔迪厄的社会学》,陶东风译,上海:上海译文出版社。

90. 孙蓉蓉著,2000,《后殖民理论与第三世界国家建筑》,《成都大学学报(自然科学版)》2000 年第 3 期。

91. [加]泰勒(查尔斯·泰勒)著,2001,《自我的根源:现代认同的形成》,韩震等译,南京:译林出版社。

92. 天津市保护风貌建筑领导小组办公室,2004,《历史风貌建筑为天津发展注入活力》,《中国房地产》2004 年第 12 期。

93. 天津市政协文史资料研究委员会编,1986,《天津租界》,天津:天津人民出版社。

94. 王斑著,2004,《历史与记忆:全球现代性的质疑》,香港:牛津大学出版社。

95. 王笛著,1996,《近年美国关于近代中国城市的研究》,《历史研究》1996 年第 1 期。

96. 王晶著,2005,《天津意大利建筑风貌区的修复与开发纪录》,天津:《城市环境设计》2005 年第 1 期。

97. 王景慧著,1997,《历史街区:文化遗产保护的重点层次》,《瞭望新闻周刊》1997 年 51 期。

98. 王军著,2003,《城记》,北京:生活·读书·新知三联书店。

99. 王明珂著,1997,《华夏边缘:历史记忆与族群认同》,台北:允晨文化实业公司。

100. 王铭铭著,1999,《逝去的繁荣:一座老城的历史人类学考察》,杭州:浙江人民出版社。

101. 王蔚著,2004,《不同自然观下的建筑场所艺术——中西传统建筑文化比较》,天津:天津大学出版社。

102. 王振复著,2000,《中国建筑的文化历程》,上海:上海人民出版社。

103. 王志弘著,1998,《流动、空间与社会:1991~1997 论文选》:台北:田园城市文化事业公司。

104. [美]文丘里著,1991,《建筑的复杂性与矛盾性》,周卜颐译,北京:中国建筑工业出版社。

105. 吴晨著,2004,《警惕殖民主义和自觉殖民主义在建筑文化中蔓延》,《北京规划建设》2004 年第 3 期。

106. 吴家骅著,1995,《论"空间殖民主义"》,《建筑学报》1995 年第 1 期。

107. 吴良镛著,2003,《建筑·城市·人居环境》,石家庄:河北教育出版社。

108. 吴士英著,1999,《租界问题尚须深入研究》,《近代史研究》1999 年第 2 期。

109. 吴晓勤等编著,2002,《世界文化遗产:皖南古村落规划保护方案保护方法研究》,北京:中国建筑工业出版社。

110. 夏铸九、王志弘编译,1994,《空间的文化形式与社会理论读本》,台北:明文书局股份有限公司。

111. 夏铸九著,1995,《空间,历史与社会论文选:1987–1992》,台北:台湾社会研究专刊–03。

112. 徐千里著,2004,《全球化语地与性:一个"现代性"的问题》,《建筑师》2004 年第 3 期。

113. 薛晓源、曹荣湘主编,2005,《全球化与文化资本》,北京:社会科学文献出版社。

114. 杨秉德著,1993,《中国近代城市与建筑》,北京:中国建筑工业出版社。

115. 杨秉德著,2003,《中国近代中西建筑文化交融史》,武汉:湖北教育出版社。

116. 杨秉德,蔡萌著,2004,《中国近代建筑史话》,北京:机械工业出版社。

117. 杨乐等著,2003,《浅析中国近代租界花园：以津、沪两地为例》,《北京林业大学学报(社科版)》2003 年 3 月号。

118. 杨念群主编,2001,《空间·记忆·社会转型》,上海:上海人民出版社。

119. 杨升祥著,2000,《天津近代西洋建筑文化的特点与思考》,《中国房地产》2000 年第 7 期。

120. 尹国蔚著,2003,《元代以来中外文化在京津唐地区的交流、碰撞与整合研究 [博士论文]》,中山大学。

121. 于树香著,2002,《外国人在天津租界所办报刊考略》,《天津师范大学学报(社科版)》2002 年第 3 期。

122. 袁祖德著,1957,《再论"建筑艺术与美、及民族形式讨论中和陈、英两先生的不同意见》,《建筑学报》1957 年第 1 期。

123. 张复合著,2001,《中国近代建筑研究与保护(二)》,北京:清华大学出版社。

124. 张复合著,2004,《中国近代建筑研究与保护(四)》,北京:清华大学出版社。

125. 张京媛编,1995,《后殖民理论与文化认同》,台北:麦田出版公司。

126. 张松著,2001,《历史城市保护学导论:文化遗产和历史环境保护的一种整体性方法》,上海:上海科学技术出版社。

127. 张松、周瑾著,2005,《论近现代建筑遗产保护的制度建设》,《建筑学报》2005 年第 7 期。

128. 张轶群著,2003,《滇越铁路的历史记忆之二:西方建筑的异地重构与传统建筑的西化趋向》,《小城镇建设》2003 第 7 期。

129. 郑祖安著,2004,《近代上海"花园洋房区"的形成及其历史特色》,《社会科学》2004 年第 10 期。

130. 中国人民政治协商会议天津市委员会文史资料委员会编,
1997,《天津文史资料选辑.(总第七十五辑),天津租界谈往》,
天津:天津人民出版社。

131. 周积明著,1997,《租界与中国早期现代化》,《江汉论坛》1997
年第 6 期。

132. 周俭、张恺编著,2003,《在城市上建造城市:法国城市历史遗
产保护实践》,北京:中国建筑工业出版社。

133. 周一星著,2003,《城市地理学》,北京:商务印书馆。

134. 周祖奭等著,1989,《中国近代建筑总览·天津篇》,北京、东京:
中国近代建筑史研究会。

135. 专题报告《天津原意大利租界建筑"考现"》,北京:《建筑业导
报》2005 年 5 月。

136. 邹德侬著,2001,《中国现代建筑史》,天津:天津科学技术出版社。

跋

张元卿

　　李东晔的博士论文是 2007 年完成的，我认识她是在两年之后。那时天津的老街区改造进行得如火如荼，天津一帮朋友的老建筑田野调查和保护老建筑的活动也进行得如火如荼。当时的中国记忆论坛网有一个天津板块，朋友们的调查成果展示和关于保护老建筑、老街区的讨论在这个平台也如火如荼地进行。

　　那年春天朋友们在这个网站的发言，我有幸记录了一点，这是我认识东晔的语境。

2009 年 2 月 5 日

　　"耶律寒烟"发帖《意租界拆除建筑考（五）：进步道民生路交口原"华文学校"》，认为原意租界"华文学校"旧址，位于进步道与民生路交口，地中海风格建筑，三层，大屋顶，入口处设矮塔楼。黄墙红瓦，充满威尼斯和浓浓的地中海风情。因为没有高耸的塔尖，繁复的装饰，且整体建筑设计比例低矮、平实，所以它未被 1976 年唐山地震伤害太深,除入口处女儿墙稍作改动外,其余基本保持原貌,尤其是入口处的塔楼,连风向标在内,保存完好,精美异常。绝对称得起是意大利风格建筑的精品。

意大利风情街整修工程开始之初,大概是 2007 年,保存得如此完好的一座建筑,被无故拆除。地皮至今闲置!颇令人费解。

2009 年 2 月 7 日

"老街"发帖《试析天津历史风貌建筑保护条例的成果与差距》,认为风貌条例制定的最大缺陷在于对天津市历史名城的传统格局的忽略。

2009 年 2 月 25 日

"北阙"发帖:如果一个人面对文化遗产,没有起码的爱和珍视,而是仅仅把它当作流水线上的一个可以蒙混过关的产品,那么对于一个城市,一个城市的文化遗产,这会是多么不幸。

2009 年 3 月 10 日

"小样楼"发帖:天津作为中国近现代资本主义的发源地之一,应当给这座城市的建筑,找一个定位,或称"名片"。

2009 年 4 月 10 日

"天津老城"发帖《建议建立文物古迹或是风貌建筑维修前的公示制度》:我觉得有必要建立文物古迹或是风貌建筑维修前的公示制度,不知道现在是否有这样的制度,我只是感觉这些建筑不光是属于国家的或是某个单位的,更是百姓的,很多建筑寄托了百姓的感情,维修这些建筑前至少要让大家知道,就像家里装修总该让家里人提前知道一下。建立公示制度可以制约文物古迹、风貌建筑私拆乱改的风气,尽量避免不必要的折腾,有利于对文物建筑的保护。

2009 年 5 月 27 日

"老街"发帖《芫荽没了,请把香菜留下——试谈腾迁及天津市历史风貌建筑保护腾迁管理办法》:吃涮羊肉到菜滩买上几毛钱香菜,这是多年的习惯,而且从记事起一直将之称为香菜,五大道地区这个叫法是极普遍的,以致本人一直以为是正根。然而在学生时代,有住老城厢的同学称之为芫荽(发音为盐碎),本人听了几乎不懂,等弄懂了原来是香菜后,又颇不以为然,觉得此叫法老土,甚至有鄙夷之意,但本人当时按音查字典,大惊,原来老城人的叫法才是正根。香菜一说虽也是古称,但很大程度上可能是由五大道原住民南北中外聚集,按易于称呼和理解的目的重新选择的结果,本人潜意识中对老城文化的敬畏,也许正从这名字之差异而起。从民俗文化的角度来分析,天津两个区域,无论称芫荽,或称香菜,都属于其各自的历史文化特征,由小及大,由浅及深,历史街区的本土文化就是这样扎根于原住民的世世相传之中,你只能去探讨,却很难将其全部整体的挖掘整理出来,只有这个居民整体在住地世代相传时,这些文化特征才能完整保存。

在和这些朋友的交往过程中,我逐渐开始关注他们的活动,关注老街区拆迁改造中老建筑和原住民的命运。

2009 年 2 月 26 日晚 7 点 12 分,我在中国记忆论坛发了一个帖子《一篇研究意租界的博士论文》,贴了李东晔《从"租界"到"风情区"》的论文提要，最后写道："无法下载内容，也（看）不到论文结构。希望有朋友能找到这篇论文，给大家说说写得如何。"7点23分，我找到了论文目录，随即跟帖发出。2月27日上午，网友辽塔跟帖说："找到这篇论文了，8.6兆。"3月2日下午4点27分，我给辽塔回帖："可否把该论文发我看看呢。邮箱见短消息。谢谢。"4点39分，辽塔回说："已经发到您邮箱了，看看收到没？"我立即打开邮箱看这篇论文。当晚11点13分，我跟帖发言：

我向大家强烈推荐李东晔先生的博士论文《从"租界"到"风情区"——一个中国近代殖民空间在历史现实中的转义》。李先生这篇论文初读一遍，觉得理论素养很高，历史感和生命直觉尤其强烈，但文字表述却十分沉静。在文献占有上虽有所侧重，或说有所剪裁，但依然显示了作者宽广的治学视阈。

据李先生论文称他童年曾在天津生活过，一定还在关注天津，不知他是否来过我们论坛。

期待李先生的出现！！

当时我觉得李东晔是位男士，故称呼先生，期待"李先生的出现"。4月16日，李先生真的出现了，他在电邮中写道：

青谷您好！

我是李东晔，无意中浏览到你们的论坛，看到您对我论文的溢美之辞，不禁汗颜，谢谢！

有机会多交流啊！

李东晔

　　据我的日记记载，当天我们有网聊，一聊才知李先生是李女士，闹了笑话，这就算认识了。第一次见面是在那年 12 月 26 日，东晔来津，在原意租界新天堂影院李云飞先生请振良、东晔和我一起吃西餐。后来再未见面，但联系没断。前一阵子，她说论文要出版了，叫我写篇序言，热闹一下。我当即答应，说序就不敢了，写跋吧！

　　然而泛泛地写点文字，实在没什么意思，于是决定把我们认识的经过简单钩沉一下，既为我们亲身经历的中国记忆论坛"如火如荼"的过往留下一点痕迹，也希望这"如火如荼"的过往能有助于读者了解东晔为文的苦心与先见。

　　东晔在论文中说，租界向中国人展示出了一种"他者"文化的形式和内容，但这并非是单向度的文化展示，而必然要经过中国文化的"过滤"，并且通过中国文化的结构进行"再结构"，然而，就如萨林斯所主张的那样——结构是"历史中的结构"，无论中国文化也好还是被中国文化过滤的西方文化都处在一种变化过程中，因此文化的意义是流动、变化的，不断进行再生产的。

　　可现在的意式风情区，是从"历史中的结构"中抽取了由老建筑组成的街区的表象，来展示风情，意在展示意租界遗留的意式风情，而把意租界历时的"再结构"过程中经过中国文化的"过滤"而形成的东西迁走了。这就不仅包含了老街所说的"芫荽"和"香菜"的问题，更为重要的是那里的原住民在意租界这个历史街区形成的本土文化。如今风情区是老街区来搭台，旅游唱戏，随着原住民的迁出，"历史中的结构"已不复存在。老街所担心的，只有这个居民整体在住地世代相传时，这些文化特征才能完整保存的意义，在当时还未得到应有的重视，好在这并未空谷足音，并非独唱。

　　东晔在其论文中早有类似的观点："城市以及其中的建筑是历史文化过程的产物。对历史城市、街区以及建筑的保护，决不是要把它们当作某种历史标本或遗骸，也并非只是要记录那些经由建筑师提炼出来的用以承载某种风格的标志或符号，而是建筑在其建造与持续使用过程中所经历的种种过程，所沿袭的种种风俗，以及人们及其各种活动在与建筑发生互动时所留下的印记。"

　　东晔又认为：随着社会文化时空的变迁，不仅最初那些不耻的意义在渐渐隐去，隐含的意义不断显现，而且还增添出了新的意义。对于中国而言，将"租界"改造成为"风情区"也是一种"去殖民化"的努力。在我看来，这个"去殖民化"改造也正是布尔迪厄"文化再生产"理论的一种表现，它通过人们对于城市及建筑之文化意义的有意或无意地增减与转换而实现的，人们通过这样一个过程，在一个曾经是被帝国主义侵略的、西方的、外来的空间中，建构起了一种美的、高级的、时尚的、现代的，西方主义同时也是爱国主义的、民族主义的文化认同。最后指出，从"租界"到"风情区"，是社会文化变迁过程中，权力在不同的"场域"中，通过各种布尔迪厄意义上的资本的相互作用，使建筑的意义不断再生产的一个过程，"风情区"是一个文化再生产的结果。在这一过程中，当时的着眼点是建筑的意义转化，还没有智慧面对"租界"街区承载的"历史中的结构"。

　　东晔在论文中通过拆建现场的照片记录了走向"风情区"的历史画面，同时用文字记录了拆迁过程中生活在那里的老居民的生活状态。她不仅在为意租界原有基础结构存留印痕，也用老居民的生活状态提示人们不要忽视原住民在"再生产"结构中的作用，"历史中的结构"离不开他们。离开了他们，风情区就会逐渐转化为旅游区,"历史中的结构"就会在旅游者的脚下彻底成为记忆中的历史结构。

布尔迪厄的"文化再生产"理论的重点在于强调"再生产"与原有基础结构的关系。作为原有基础结构的建筑是风情,那"再生产"结构中的本土风俗文化难道就不是风情吗？如果不是风情,那这样的"再生产"结构该如何正名,如何对待呢？今天回头来看,在如何对待原意租界老街区的问题上,当时的城市管理者还没有充足的认知和智慧来为其正名。

今天当风情区基本变为旅游区时,我们才发现东晔在论文中的思考弥足珍贵,好在"风情区"也不是这块历史街区文化再生产的终结,新的"正名"也必然会出现,因此论文虽然出得有点迟了,但东晔的思考并不过时,不仅对天津的发展有用,对其他地域类似的"正名"和保护活动也是宝贵的思想资源,自当借助书籍这个载体广为传播。

2017 年 2 月 18 日于南秀村,20 日晚改定

后记:"十年"的约定

自 2007 年博士毕业,至今已整整十年。这篇论文也封存了十年。

十年间,我的心跟随着我这个人四处漂移。2013 年我去非洲南印度洋上的岛国毛里求斯工作。那里最初是一个无人岛,随着地理大发现时代的降临,先后被荷兰、法国和英国等国家殖民。岛上有规模的建设始于 18 世纪初法国殖民者的到来,但由于不断遭到飓风袭击,目前保存下来的大部分殖民时期的老房子却是英国殖民时期留下的。与世界各地老建筑所面临的困境与难题大同小异,毛里求斯的老房子也已经或正在消失,而留下来的大多年久失修,面临不得不拆的难题;情况良好的则大多被改造成了餐厅。政府虽然制定了各种相关的保护政策及法规,却依然挡不住推倒重建的城市建设与发展势头。不过,我也注意到了几个有意思的个案——

毛里求斯首都路易港国家银行大楼底层有一面与众不同的外墙,上面嵌有马头和马槽,乍一看以为是特意做的仿古装饰墙,但实际上那是有意留下的一段老墙。这段老墙的里面曾经是政府印刷厂，而更早之前则是"国王面包店"，那是法国殖民时期的遗存。后来建造这座国家银行新大楼的时候，有很多赞成与反对的声音，最后建设者在建造过程中特意保留了这段墙，同时也保留下了这段两百多年的记忆——历史上，人们曾经把马拴在那里，休息，饮马，聊天。

　　路易港市政厅附近的法国殖民时期的监狱，如今也早已经成为过往历史，但我们今天走路经过那里，仍然可以看到一段老墙，那也是特意留下的。

　　城市的建筑和历史总是要继续，我们如何才能既守住宝贵的历史记忆又不被其所牵绊？这种将历史建筑的一部分嵌入新建筑，或者保留老建筑的某一部分，作为一种历史遗迹加入城市景观，虽然一定不是放之四海的办法，但却不失为一种保护城市历史的策略。

　　回想当年我选择这样的题目，在某种程度上是为了还自己一个曾经的对于"建筑"的心愿，但更主要的原因则是发现我们在对各种文化遗存进行判断时所遭遇到的历史与现实的困境，是或非？好或坏？美或丑？存或去？就好像卡尔维诺在《看不见的城市》中写的那样，一座城市的记忆都印刻在窗棂、街角、砖瓦之上。然而，我们每个人对于那些印刻在那些窗棂、街角和砖瓦之上的符号却又有着不同的记忆，这些不同来自于哪里？

　　由于这并非一个传统意义的人类学选题，吾师建民教授起初并不鼓励我这个想法，老师并不希望我冒这样一个风险完成学业。在此，特别感谢建民教授一直以来对我的培养、支持与宽容，使我能够任游在人类学这个广阔且充满趣味的田野当中。尽管，田野中有遗憾、有泪水，但也充满了欣喜与鼓励，不仅有对遥远历史与异域的想像，亦有各种关乎未来的憧憬……

感谢当年北京大学建筑中心的刘文豹等各位同学，是你们的工作为我打开了天津"意租界"这扇绮丽的窗；感谢中国人民大学教授卞昭慈阿姨的全力支持，您的帮助是这篇论文的基石；感谢各位接受我的采访，为我无私无偿提供资料的天津的父老乡亲们，为确保你们的私人生活不会遭受干扰，请原谅我没有在此提及你们的姓名；感谢天津市福莱特装饰设计工程有限公司总经理李云飞，你给予我的信任与支持无法用语言来表达；感谢天津市社科院研究员罗澍伟先生，您对我如父亲般的帮助、关怀与鼓励我永远牢记在心；感谢天津市社科院研究员刘海岩老师对我无私的帮助、支持和鼓励，尽己所能地给我提供资料；感谢时任天津市河北区意式风情区管委会主任的孙建桥在调研期间给予对生活和工作上的各种便利与帮助，感谢管委会的各位工作人员陆磊光、王媛、徐敏、钟文和小贾；感谢天津市政协文史资料委员会的张玉芳主任、刘老师和张姐；感谢时任天津市河北区政府办公室主任的杜翔先生与宣传部长郑永盛先生给予的大力支持；感谢天津市河北区档案馆贾主任；感谢冯骥才先生百忙之中接受我的采访；感谢天津市保护风貌建筑办公室的金彭玉先生，不顾劳累带领我参观天津租界；感谢英国布里斯托大学东亚研究中心马利楚 (Maurizio Marinelli)博士的帮助，将自己的手稿提供给我参考；感谢意大利那不勒斯SIRENA 历史城公司，感谢阿年色(AgneseRivieccio)的合作；感谢清华大学建筑系张复合教授视我同自己学生一般所给予的各种帮助；感谢中国社会科学院翁乃群和罗红光教授给予的指导与鼓励；感谢北京大学社会学系人类学研究所高丙中和王铭铭教授一直以来的支持与指导；感谢清华大学社会学系郭于华教授认真评阅我的论文并提出重要意见和建议；感谢人民大学历史系杨念

群教授在百忙中接受我冒昧的打扰;感谢中央民族大学民族学与
社会学学院陈长平、包智民、潘蛟和潘守勇教授多年来的关心和教
导;感谢黎意、吕卓红、严墨、卢百可、张金岭、李艺楠等诸位学长、
同学和朋友的帮助;感谢我的家人,我的老父老母,是你们一如既
往的支持让我完成学业与论文,你们始终是我人生的榜样!

　　因着云飞的机缘,多年前我与在津工作的朱留先生(Giulio
Machetti)相识,作为意大利的历史学教授,他对于我的研究和论
文给予了极大关注,虽然后来没能有进一步的合作,但几次会面都
给我留下深刻印象。去年突然听闻他去世的消息,我倍感遗憾。值此
论文出版之际,又一次因着云飞的机缘,有幸邀请朱留先生的遗孀
保拉·巴德妮女士(Paola Paderni)题写了书名,不胜感激!

　　正如张元卿在跋中所记述的那样,我与元卿、振良的相识完全
因为这篇论文。多年来,大家天各一方,只是偶有问候,联系不多,见
面更少。最有意思的是,因元卿后来调去南京,实际上我们就仅仅见
过 2009 年那一次。相比之下,与振良会面可能多两次。但这期间,无
论我在哪里,总会按期收到振良他们寄自天津的《问津文库》《天津记
忆》《问津》《开卷》等书刊。去年初夏,"书香天津"展会期间又见振良。
闲谈之际,他忽然问及我的论文,令我好不尴尬!我坦白,论文一直
"封存"着。他一边稍有歉意地说"怎么把你的论文给忘了",一边表示
不需要改直接出版!他和我都明白,改好论文太难了!这恰好给了我
一个堂而皇之的借口,于是也就有了这个"十年"的约定。

　　衷心地感谢你们!

李东晔

2017 年 3 月 3 日于北京海淀白家疃村寓所

《问津文库》已出书目

(总计 81+3 种)

◎天津记忆

沽帆远影　刘景周著	59.00 元
茬苒芳华:洋楼背后的故事　王振良著	49.00 元
津门书肆记　雷梦辰原著/曹式哲整理	49.00 元
故纸温暖:老天津的广告　由国庆著	28.00 元
沽上文谭　章用秀著	38.00 元
百年留踪:解放桥的前世今生　方博著	39.00 元
南市沧桑　林学奇著	79.00 元
津沽漫记:日本人笔下的天津　万鲁建编译	39.00 元
忆甦盦:来新夏先生纪念文集　焦静宜编	92.00 元
与山河同在:天津抗日杀奸团回忆录　阎伯群编	38.00 元
楮墨留芳:天津文化名人档案　周利成著	30.00 元
布衣大师:允文允武的艺术名家阎道生　阎伯群著	30.00 元
口述津沽:民间语境下的堤头与铃铛阁　张建著	28.00 元

郑证因小说经眼录　胡立生著　　　　　　　　78.00 元

品报学丛.第三辑　张元卿、顾臻编　　　　48.00 元

刘云若传论　管淑珍著　　　　　　　　　　48.00 元

品报学丛.第四辑　张元卿、顾臻编　　　　58.00 元

◎ **三津谭往**

三津谭往.2013　王振良主编　　　　　　　39.00 元

三津谭往.2014　万鲁建编　　　　　　　　39.00 元

三津谭往.2015　孙爱霞编　　　　　　　　48.00 元

三津谭往.2016　孙爱霞编　　　　　　　　58.00 元

三津谭往.2017　孙爱霞编　　　　　　　　68.00 元

◎ **九河寻真**

九河寻真.2013　王振良主编　　　　　　　59.00 元

九河寻真.2014　万鲁建编　　　　　　　　59.00 元

九河寻真.2015　万鲁建编　　　　　　　　88.00 元

九河寻真.2016　万鲁建编　　　　　　　　98.00 元

九河寻真.2017　万鲁建编　　　　　　　　98.00 元

◎ **津沽文化研究集刊**

《雷雨》八十年　耿发起等编　　　　　　　55.00 元

陈诵洛年谱　张元卿著　　　　　　　　　　48.00 元

碧血英魂:天津市忠烈祠抗日烈士研究　王勇则著　　98.00 元

都市镜像:近代日本文学的天津书写　李炜著　　38.00 元

天津楹联述略　李志刚著　　　　　　　　　36.00 元

口述津沽：民间语境下的西沽　张建著　　　　　　　56.00元

口述津沽：民间语境下的西于庄　张建著　　　　　108.00元

紫芥掇实：水西庄查氏家族文化研究　叶修成著　　58.00元

芦砂雅韵：长芦盐业与天津文化　高鹏著　　　　　58.00元

王南村年谱　宋健著　　　　　　　　　　　　　　78.00元

国术之魂：天津中华武士会健者传　阎伯群、李瑞林编　78.00元

来新夏著述经眼录　孙伟良编　　　　　　　　　　198.00元

◎津沽名家诗文丛刊

王南村集　王焕原著/宋健整理　　　　　　　　　　68.00元

严范孙先生古近体诗存稿　严修原著/杨传庆整理　　48.00元

星桥诗存　苏之銮原著/曲振明整理　　　　　　　　58.00元

退思斋诗文存　陈宝泉原著/郑伟整理　　　　　　　88.00元

待起楼诗稿　刘云若原著/张元卿辑注　　　　　　　42.00元

刘大同诗集　刘建封原著/刘自力、曲振明整理　　　88.00元

碧琅玕馆诗钞　杨光仪原著/赵键整理　　　　　　　58.00元

石雪斋诗稿(附遂园印稿)　徐宗浩原著/张金声整理　68.00元

紫箫声馆诗存　丙寅天津竹枝词　冯文洵原著/杨鹏整理　88.00元

◎津沽笔记史料丛刊

严修日记(1876—1894)　严修原著/陈鑫整理　　　138.00元

桑梓纪闻　马鸿翱原著/侯福志整理　　　　　　　　42.00元

天津县乡土志辑略　郭登浩编　　　　　　　　　　98.00元

严修日记(1894—1898)　严修原著/陈鑫整理　　　128.00元

周武壮公遗书　周盛传原著/刘景周整理　　　　　　128.00元

天后宫行会图校注　高惠军、陈克整理　　　　　　128.00元

津门诗话五种　杨传庆整理　　　　　　　　　　　78.00元

《北洋画报》诗词辑录　孙爱霞整理　　　　　　　198.00元

◎ 名人与天津

李叔同与天津　金梅编　　　　　　　　　　　　　68.00元

我与曲艺七十年　倪钟之著　　　　　　　　　　　68.00元

◎ 梓里寻珠

传承与突破:近代天津小说发展综论　李云著　　　78.00元

从租界到风情区:一个中国近代殖民空间在历史现实中

　　的转义　李东晔著　　　　　　　　　　　　68.00元

◎ 随艺生活

方寸芸香:藏书票里的书故事　李云飞编　　　　　98.00元

问津书韵:第十三届全国读书年会文集　杜鱼编　　78.00元

开卷二○○期　董宁文、董国和、周建新编　　　　168.00元